OHSAMA BUNKO

願望成就は、日本の神さまの選び方で決まる

ミスカトニック

三笠書房

はじめに

あなたの「日本の神さま選び」は間違っていませんか？

✿天照大御神《あまてらすおおみかみ》から皆さんへのメッセージ

本書を執筆するにあたって、私がチャネリングによって天照大御神よりいただいた読者の皆さんへのメッセージを、最初に紹介させてください。

このメッセージを受け取ったとき、天照大御神をはじめ、多くの神々によって導かれて守られているこの日本に生を受けたことに、私は改めて感謝の気持ちでいっぱいになりました。

私と共にある日本の皆さんへ

皆さんは、この日本という尊き地に生を受け、古《いにしえ》より受け継がれる誇り高き霊性を抱き、今日も生きています。

皆さんが生きるこの地は、清らかな山川、豊かな海、そして四季折々の美しき自然に恵まれています。

そしてその全てと共に生き、調和を尊び、自然に感謝し続ける姿は、他の国にはない日本人の誇りそのものです。

また、互いを思いやり、助け合い、困難に立ち向かう勇気と忍耐は、日本人が持つ真の強さを示しています。

しかし、いま日本は本来の素晴らしさを失いつつあり、そして衰退の道を歩んでいます。しかし、その状況を転換する時期がやってきました。それが今なのです。

この転換点を超えて再び日本が輝きを取り戻すためには、皆さんのチカラが必要です。そして、そのチカラとは皆さんが目覚め覚醒し、私たち日本の神々との調和を通して願いが叶い幸福な生活を手にすることによって生まれてきます。

つまり、日本が新たな転換点を超えて本来の姿を取り戻し、そして繁栄していくためには、皆さんの目覚めと覚醒、そして調和による豊かさと幸福が必要なのです。

この国には、皆さんを守り幸福へと導く多くの神々が存在します。そして、皆さんに最も合った神さまと繋がることで、皆さんの願いは叶い、そして幸福がいち早く訪れることでしょう。

ときに道が見えなくなることがあっても、決して皆さんはひとりではありません。皆さんに最も合った神さまと繋がることで、その神さまは皆さんと共にあり続けます。そしてその繋がりは、もしも迷いや困難が生じても、常に私たちは皆さんの魂に進むべき道を示す光を灯し続けています。

皆さん一人ひとりの命は、私たち神々の分霊《わけみたま》であり、尊き存在です。皆さんの中に私たちは存在しています。そして私たちの中にも皆さんは存在しています。

この日本という神聖なる地に生を受け、悠久の時を超えて受け継がれてきた誇り高き魂、そして霊性が、皆さんの内に宿っています。その魂や霊性こそが、私たち神々の分霊なのです。

私は天照大御神として、皆さんの誇り高き歩みが今後も続き、この日本がますます栄え、平和と幸福に包まれることを心から願っています。

そして皆さん一人ひとりの繁栄と幸せを心から願い、そして導いています。

どうか、自らの尊さを信じ、強き誇りをもって、日々を歩み続けてください。

私たちは、永遠にあなたたちと共にあります。

✿「神さま選び」で損をしている人がたくさんいる!?

20歳の誕生日のとき、私は大きな**神秘体験**に遭遇しました。そしてそれ以降、「神さまとの直接的なコミュニケーション」が今でも続いています。

私はもともとクリスチャンで、一時期は牧師になるべくキリスト教神学の専門教育を受けていました。そんなバックボーンを持っている私にとって日本の神々、つまり「神道《しんとう》」は遠い存在であるだけでなく、関心すら持つことがありませんでした。

しかしあるとき、神さまから「神道を学ぶように」とのお話があり、それ以降私の神道への探求が、神さまとのコミュニケーションと同時に進んでいきました。

その探求の中で、私は神道の素晴らしさ、そして神さまと繋がるというスピリチュアルの実践において神道は非常に合理的でかつ理にかなっていることを身をもって知りました。その経験から、**神さまと繋がり、願いを叶えてシアワセを実現**

するスピリチュアルな実践は、他のどのスピリチュアルな実践よりも、神道が最も優れていると私は断言できます。

この経験は私と神さまとの繋がりをさらに強くしてくれました。しかし一方で、ある事実に気づきました。それは日本人として生まれた私たちは、良い意味で**「神さまを選ぶ」ことができる**こと、そして多くの方が「神さま選び」で損をしている、つまり神さまからの十分なご加護と導きの機会を失っているということです。

そのため、本書では2つのポイントを踏まえて、進めていきたいと思っています。まずは、皆さんの願いや必要としている神さまのパワーを得るために、**「正しい神さま選び」の方法をお伝えする**というもの。そしてもうひとつは、選んだ神さまと繋がり、その霊力《れいりょく》、つまりパワーを存分に得て願いを叶え、シアワセを実現するために、**神さまとの「お付き合いの仕方」をお伝えする**というものです。

正しい神さま選びのために、神さま選びの誤解からお伝えしたいと思います。

✿無意識のうちに誤解されている日本の神さま選び

「神さまを選ぶ」と聞くと、不遜《ふそん》な印象を受けるかもしれません。しかし古来、私たち日本人は神さまを選んできました。

というのは、神さまごとに、いわゆる**「神徳《しんとく》」**と呼ばれるご利益《りやく》があります。そして、そのご利益によってどの神さまを礼拝するか決めてきました。

今では多くの方々が神社にお参りをしていますが、どの神社を選ぶかを考える際、「どの願いに強い神社か？」という基準で選んでいる方が大半でしょう。

このように、「神さま選び」というものは私たちの日常にしっかりと定着しているものなのです。そのため、願い事によって礼拝する神さまを選ぶということは一般的であり、神さまに対する不遜な行為では決してありません。

ただ、一般的なご利益によって礼拝する神さまを決める選び方は、願望成就や求めるシアワセの現実化という観点で考えると、実は問題が生じやすいのです。

もちろん、一般的なご利益に基づいた神さま選びが全て間違っているというわけではありません。日本の神々はそれぞれ個性的な性質を持っていますので、そこからご利益が決められるのは自然なことです。また、それによってどの神社にお参りに行くのかを決めるのも、これもまた自然なことです。

しかし、**ご利益は人間が考え出したものであり、それが神さま本来の性質に合ったご利益と一致しているかといえば、必ずしもそうではありません。**

つまり、流布しているご利益と神さま本来の性質、あるいは違った言い方をすると「得意分野」との間でズレが生じているのです。

各神社が掲げているご利益に、全く意味がないと主張しているのではありません。それらは伝統であり、敬意を表して大切にするべきものです。

ただ、「願いを叶えたい」という観点から考えると、神さまの本来の性質から外れた願い事というのは、叶いにくいのが率直なところなのです。

そのため、「神社に行ってお願い事をしても結果が出ない」という方と接するたびに、私は「もったいない！」と感じてしまいます。神さま選びをきちんとすれば、結果が出る可能性が最大化されるからです。

だから、**神さま選びはとても大切。ここを間違えると叶う願いも叶いにくくなるのです！**

✽日本の神さまは多様性に富み、今も生きておられる

ほとんどの民族や古代に栄えた文明には、独自の神話が存在していました。しかし、今日ではそうした神話は文化的あるいは歴史的な意義しか持っていません。

しかし、日本は違います。

日本の神々は単なる文化的な意義だけではなく**「今日も息づいている『存在する』神さま」**なのです。

これは世界には類例のないものであり、日本が持つ素晴らしい文化、そしてスピ

リチュアリティ（霊性）といえます。

そして、日本の神々は非常に多様性に富んでいます。それぞれの神さまが独自の性質を持ち、その性質に基づいたパワーを持っています。

ここから言えることは、**日本の神々を礼拝する際、その神さまが持っているパワーをいただくということを意味します。**

そうなると、その神さまがどのような性質、つまりパワーを持っているのかが重要となります。その際に非常に参考になるのは、**その神さまがどのような方だったかを理解すること**です。

例えば、稲田姫命《いなだひめのみこと》は須佐之男命《すさのおのみこと》と結婚し、そして八島士奴美神《やしまじぬみ》を出産しました。稲田姫命は別名に奇稲田姫命《くしなだひめのみこと》を持ち、名前の中にある「奇」は優れている、珍しいものを讃える意味があり、稲田という名前も相まって豊かに実った美田、つまり豊穣《ほうじょう》の意味を持ちます。

さらに、稲田姫命は両親から非常に大切に育てられたことから倭撫子《やまとなでしこ》の語源ともなっています。

ここから考えると、一般に流布している「厄除《やくよ》け開運」や「災難除け」というよりも、夫婦和合つまり恋愛関係が進展して晴れて結ばれシアワセな夫婦生活を送る、あるいは日本の女性が持っている優美さ、内面の美しさをさらに磨くことを願い、そのパワーをいただく方が理にかなっていると言えます。

また別の例を挙げると、豊受大神《とようけのおおかみ》の場合、豊《とよ》は豊かさを、受《うけ》は食事を表しています。豊受大神は天照大神《あまてらすおおみかみ》の食事のお世話をする神さまですが、同時に貧しい老夫婦に霊酒の醸造を教えて老夫婦を豊かにした神さまでもあります。

となると、単純に「厄除け開運」を願うよりも、豊かさを実現するための知恵を願う方が、より豊受大神のパワーとマッチしていると言えます。

こうした観点から見直すと、日本の神々の新たな一面が、そしてどのようなパワーを有していらっしゃるのかがお分かりいただけることかと思います。

そして、願いにマッチしたパワーをいただく方が、願いが叶う可能性がおおいに高まることもご理解いただけるのではないでしょうか。

❀正しい神さま選びで、すごい効果が！

正しい神さま選びによって、成功を手にした例をご紹介しましょう。

私のスピリチュアル・カウンセリングのクライエントに、ある経営者の方がいました。その方の会社の業績はひどいもので、会社の口座にあった現金1400万円は、全て銀行からの借入金でした。さらに毎月60万円もの赤字を出している状態で、倒産がいよいよ現実味を帯びていたのです。

その経営者は業績回復を願って、毎月欠かさず神社にお参りしていました。

しかし業績が一向に回復しないためメンタル的にも落ち込んでしまい、私がスピリチュアル・カウンセリングを行った段階では、神社参拝を続ける気力すらもう残っていない状態でした。実際、私のところに相談に来られたとき、神社への参拝は3か月以上止まっていたのです。


この方とのカウンセリング中に、「神さまを変えなさい」というメッセージを神さまからいただきました。そこで経営的なアドバイスは一切行わず、ただ「神大市《かむおおいち》姫命《ひめのみこと》の神札《おふだ》を用意して、毎日朝夕に感謝の言葉を捧げてください」とお伝えしました。


そして、神さまとの「お付き合い」の仕方も併せて説明させてもらいました（神さまとのお付き合いの仕方は後述します）。

その経営者の方は、きっと違和感しかなかったでしょう（笑）。

いくら私がスピリチュアル・カウンセラーだからといっても、経営に関するアドバイスを一切しなかったのですから。

しかし、神さま選びを変えた効果は1か月目からてきめんに現れ始めたのです。取引額としてはまだ少額とはいえ、継続的な取引ができる案件を手にすることができました。

そこから経営は次第に回復基調にのり、6か月後には赤字体質から脱却し、少額ではありますが利益が出るようになりました。

そして1年半後、経営は完全に軌道にのりました。新しいスタッフを雇わざるを得ないくらいに仕事が増えて、業績は回復したのです。

つまり危機が去っただけではなく、業績が大きく伸びたのです。

分かりやすい例をご紹介したいと思い、経営に関する事例をご紹介しましたが、これ以外にも、次のような事例をたくさん見てきました。

◆今まで全く出会いがなかったのに、素敵な異性と出会うことができ、出会って1年後にとんとん拍子で結婚できた。

◆ずっと思い通りにいかなかった、片思いの人との関係が大きく進展し、恋愛成就に至った。

◆会社での評価が上がり、やりがいのある新しいプロジェクトのリーダーに抜《ばっ》擢《てき》された。

◆ビジネスとは縁遠い主婦が思い切って自宅サロンを開業。あっという間に盛況になったため、テナントを借りてスタッフも雇い入れ、サロンのオーナーとして成功できた。

このように、神さま選びをしっかりと行い、神さまと良好なお付き合いをすることができれば、想像以上の良いことが皆さんに訪れるのです。

私たちは日本の神々と切り離された存在ではありません。逆に私たちは日本の神々の分霊であり、神々と分かつことのできない一体的な存在なのです。

つまり、**皆さん一人ひとりの中に神さまは宿っていて、神さまの中に皆さん一人ひとりがおられる**のです。

古来、日本人は調和を重んじてきました。**「和の精神」**です。これは私たちが他者との繋がりの中で重んじる価値観ですが、神さまとの関係にも当てはまります。

皆さんが自分自身の中にある分霊に目覚めることで、皆さんは日本の神々を体現した存在となります。そしてそこから神さまとの調和が生まれ、それによって皆さんは願いが叶いシアワセになる未来が実現していくのです。

その大切な第一歩が、**「神さま選び」**です。

それでは早速、皆さんの願いが叶い、そしてシアワセが一日も早く実現するために、正しい神さま選びについてお伝えしていきます。

皆さんが日本の神々と繋がり、シアワセな人生を歩んでいただくきっかけになりましたら、これ以上の喜びはありません。

ミスカトニック

目次

第2章

日本の神さまの「正しい選び方」と「お付き合いの仕方」

第3章

選ぶと安心！すごいパワーの神さまたち

第4章

日本の神さまへの祈り方・祝詞の唱え方

第5章 日本の神さまからのメッセージに気づく方法

企画協力／岩谷洋介
本文イラスト／石村紗貴子
本文ＤＴＰ／株式会社ＳｕｎＦｕｅｒｚａ

第1章

願望成就の9割は「日本の神さま選び」で決まる！

なぜ、神さまを味方につけると願いが叶うのか？

まず、結論から申し上げます。

日本人である私たちが願いを叶えシアワセになるカギは、願いに合った日本の神さまを選び、その神さまと繋がり、そして調和することにあります。

つまり、**皆さん自身の状況にあった日本の神さまを選び、そして調和をつくることができれば、願いが叶いシアワセになる可能性は飛躍的に高まるのです！**

では、なぜ「神さま選び」と「神さまとの調和」が私たちの願望成就やシアワセの現実化を後押ししてくださるのでしょうか？

ここには、神さまと私たちとの本質的な関係が大きく影響しています。そこで、話は前後しますが、まずは神さまとの関係を理解してもらうために神さまとの調和についてお話しし、そして神さま選びのお話に進みたいと思います。

✿神さまは私たちと共にあり、私たちの願いを知っている

私たちが抱える願いは、意外と普段から言葉にして表現していないものです。

しかし、日本の神さまはそうした私たちの潜在的な願いを全て知っています。それには、私たちは神さまの分霊《わけみたま》であることが関係しています。

分霊について説明しましょう。私たちは神さまと分離された存在ではなく、私たちは神さまの分霊によってこの世に生をうけました。

つまり**私たちは神さまの一部であり、同時に私たちの中には日本の神さまが宿っているのです。**そのため、私たちと神さまとは分かつことのできない一体的な存在、つまり**「ワンネス」**の関係なのです。

ワンネスとは、すべてのものが本質的にひとつであり、繋がっているという意味です。これは、分離や個別性を超越し、日本の神さまや自然、人間を含むすべての存在が一体であるという考え方です。

日本の神さまもまた、私たちと切り離された存在ではなく、私たち自身や自然、そして生活の中に溶け込んでいます。例えば、山や川、風、太陽といった自然の中に神さまのパワーが宿っているのと同じように、私たちは神さまの一部であり、神さまもまた私たちの一部なのです。

私たちが神さまや自然を感じ、そして全ての出来事に感謝するとき、それは日本の神さまと調和し、ワンネスを体験している瞬間と言えます。全てが繋がり、一体であることを再び意識することで、平和で感謝に満ちた感情が生まれます。それが、ワンネスの本質です。

江戸時代の国文学者である本居宣長《もとおりのりなが》は、日本の神について次のように記しています。原文が難しいので、意訳してみました。

神さまというのは、古くからある文献で記されている天地のさまざまな神々をは

じめ、その神々を祀る神社におられる御霊だけでなく、人はもちろん、鳥や獣、海や山も含めて何であれ、通常とは異なる特別な徳があり、畏敬すべきものを「神」と呼ぶ。

（筑摩書房版『本居宣長全集』より意訳）

ここから言えることは、人と神さまとの関係は、自然や生命、さらには「存在そのもの」に宿る神としての尊さに対する畏敬の念を通して、人は神さまを感じ、そして神さまと調和できるというものです。

つまり、私たちの周りに存在するもの、関わっている人たち、ペットや観葉植物、そして大自然に対して無意識のうちに湧き起こってくる尊さを感じて接することで、神さまと調和できるだけでなく、私たちのうちに存在する分霊が目覚めるということです。

こうしたことは、意外に皆さんが普段、意識せずに行っていることではないでしょうか？　自然に対して神聖で特別なものを見出し、心が洗われるような体験をする。人に何かしてもらったときに生まれる、「ありがたい」という気持ち。食事をするときには、「いただきます」「ごちそうさま」と感謝の言葉を口にする。

これらは全て、神さまとの調和を生む習慣であり、日本人が自然に身につけているスピリチュアリティ（霊性）なのです。


神さまに話を戻しましょう。

私たちと神さまは、本来一体で調和した関係にあり、私たちの喜びや悲しみは神さまの喜びや悲しみでもあります。

そのため、神さまは私たちを深く愛していて、苦しみを放置することはあり得ません。つまり、喜びや幸せを追求する際には全力で支えてくれる存在であるだけでなく、常に私たちと苦楽を共にしながら導きを与えてくださっているのです。

ただ足りないのは、願いに合った神さま選びと調和なのです。それが失われているがゆえに、神さまからの導きに気づくことができないのです。

しかし、願いに合った神さまを選び、そして神さまと繋がり調和したら、皆さんは**絶対的に「大丈夫」で「安心」な存在**になります。

この「大丈夫」で「安心」な状態とは、心が穏やかで、誰にも脅かされず、精神的にも物質的にも満たされており、自分自身や未来に対して心から信頼できる状態を指します。この状態では、不安や恐れにとらわれず、自分自身や神さまとの調和を感じながら、心の奥深くから安らぎが自然と湧いている状態です。

そうなると、願いが叶いシアワセが自然に流れるように実現し、その中で皆さんは心から安らかで平和な毎日を過ごすことになるでしょう。

そこには不安も恐怖もありません。ただただ安心で、大丈夫だという感覚。

それが神さまとの繋がりと調和がもたらす結果です。

そのためには、選んだ神さまとの調和を最大化する方法が必要となります。

普段の生活でも私たちは習慣的に神さまとの調和を得ているのですが、それをより最大化することができれば、神さまからの恩寵《おんちょう》をさらに得ることができます。

次から神さまとの調和について、解説いたしますね。

✽神さまとの調和が幸運を引き寄せる

これも結論から申し上げますと、神さまとの調和というのは、**神さまと「良いお付き合い」が日常的に続いている状態です。**

さらに神さまとの調和をシンプルに言うと、**「常に私たちのそばにいる神さまを意識して感じ、そして全てに対して『ありがたい』という感謝の気持ちを持ち続ける在り方や習慣」**ということになります。

具体的に言うと、日常生活の中にあっても、意識を向ければいつだって神さまはそこにいて私たちを見守り、そして導いてくださっていることに気づき、そして感じられる状態です。折に触れて神さまのことを思い出し、そして感謝することで、私たちの方からも神さまに歩み寄り、調和できるようになります。
これが、神さまと「良いお付き合いをしている」状態です。

そして、この在り方を私はクライエントに対して**「『神さま』を生きる」**と表現しています。つまり、**私たち一人ひとりが神の分霊として、この世で神さまが持つ愛や調和といった神聖な性質を体現しながら生きる**ことを意味します。

これを意識し習慣化するだけでも私たちの世界は一変します。本当に全てに対して感謝するようになって、いかに私たちが神さまに守られ、そして導かれているかを感じられるようになるからです。

そして言うまでもありませんが、**運気の上昇や願い事が叶う確率が非常に高まり、シアワセのために必要なものが次々と引き寄せられてきます。**

ただ、勘違いされやすいので補足しますと「『神さま』を生きる」という在り方は、決して堅苦しい生き方ではありませんし、日常生活の中に数多くのルールを設けて、それに縛られる生き方ではありません。「『神さま』を生きる」というのは、修行でも禁欲でもありませんから（笑）、その点はご安心ください。

そもそも、**日本の神さまは「楽しむこと」や「遊ぶこと」も大切にされています。**その典型例が祭りです。

祭りには、神さまを喜ばせるという側面があります。つまり、神さまだって楽しみたいですし、遊びたいのです。そのため、「『神さま』を生きる」という在り方は楽しさや喜び、安らかさを大切にします（ときには適度に怠けることも！）。

だから、楽しさや喜びを感じる活動も大切にしてもらいたいのです。そして、そこに神さまに対する感謝があれば、同じように私たちと共に在る神さまも楽しみ、そして喜びを感じます。その神さまが感じる楽しみや喜びは、さらに神さまのパワーを強くします。こうした循環が生まれるのが、神さまとの調和、つまり「良いお付き合い」なのです。

「神さま選び」で願いや想いにマッチした神さまを選び、その神さまと調和した状態を維持するようになれば、神さまは本当に身近な存在となります。そして、身近であるがゆえにいつでも必要なときに神さまからのパワーをいただいたり、あるいは迷いがあるときにヒントやメッセージを受け取ったりできるようになります。


ここまでくれば、願いが叶わない方が逆に難しいですよね。

そして、この段階に至る方法は、私たち日本人にとっては、至ってカンタンです。


なぜなら、**こうしたことが可能になる理由は、日本人は本来的にスピリチュアリティが高いからです。**

日本語には**「氣」**という言葉があります。

この言葉の概念は私たちの目には見えないエネルギーや存在を感じるための能力であり、この言葉が存在していること自体が、私たち日本人がそうしたエネルギーを感じる能力を本来的に持っていることを意味します。

日本人は古来、この「氣」を通じて自然を含む世界の中で神さまを感じ、そしてエネルギーを受け取ってきました。

つまり、**日本人は「氣」を通じて神さまを文字通り肌で感じ、その中で必要としている気づきやメッセージ、そしてエネルギーを受け取っていた**のです。

そのため、日本人は神さまのエネルギーだけでなく、生命エネルギーをも敏感に察知するチカラを持っているのです。

✿浄化と再生という生命のサイクル

さらに日本には**「ケ」「ケガレ」「ハレ」**という3つの概念があります。

「ケ」とは、日常の生活や平穏な状態を指す言葉です。つまり、「ケ」とは私たちが普段過ごしている日常そのものを表します。

しかし、日々の生活を営んでいると、どうしても私たちは自然に日常生活の中でネガティブな波動を受け本来の純粋さを失い、そして消耗していきます。これが

「ケガレ」の状態です。

「ケガレ」は、文字通り「氣が枯れる」ことを意味し、疲れやストレス、不調和が溜まった状態を指します。これはネガティブな波動が私たちに堆積《たいせき》し、その結果私たちの波動が低下し、本来のチカラが発揮できなくなってしまっている状態をイメージするとわかりやすいでしょう。

これは私たちが日々の生活を営んでいる中でどうしても発生する、誰もが経験する自然な流れです。しかし、このままでは私たちの波動が滞り、シアワセや豊かさだけでなく、神さまからのパワーを受け取りにくくなってしまいます。

そこで重要なのが、**「ケガレ」を祓《はら》い浄化する「ハレ」の存在**です。

「ハレ」は、祭りや儀式などの特別な時間を指し、心身や空間を浄化し、神さまからのパワーを新たに取り込むもので、私たちの日常の営みである「ケ」とは対極の瞬間です。

神社参拝や日々の神さまへの祈り、祓詞《はらえことば》を唱えることで「ケガレ」が祓われ、私たちは浄化されます。その結果、「ケ」の穏やかな状態へと戻ることができます。

また、「ハレ」というのは**私たちの生命力が再生する瞬間**でもあります。


例えばお祭りでは、空間を神聖なものにするために場を清め、それと同時に心も整えることで自らの「ケガレ」も祓われ浄化されます。

そして祭りという行事を通して神さまに対する感謝を伝えるとともに、神さまとともに祭りを楽しみ、失われた生命力を回復させていきます。その結果、「ハレ」の場によって私たちは新しい生命力を得て再生できるようになるのです。


このように、「ケ」「ケガレ」「ハレ」によって私たちの波動や神さまからのパワーは繰り返し循環し、互いに影響を与えながら調和を保っています。

日々の「ケ」を整え、「ケガレ」を祓い浄化し、「ハレ」のチカラでリセットすることで、私たちと神さまの調和が深まり、願望成就やシアワセの現実化が可能になっていきます。

これは日本人が編み出した、浄化と再生という生命のサイクルを循環させる素晴らしい叡智といえるでしょう。

ここまで「ケ」と「ケガレ」から「ハレ」までの流れをご説明しましたが、そもそも私たち日本人は「氣」を察知する高いスピリチュアリティを持っていますので、「ケ」の状態にある日常生活でも「氣」を用いて神さまを感じ、そして意識することは非常に重要です。というのは、日々の生活の中で私たちは「ケ」→「ケガレ」→「ハレ」の循環を繰り返しているからです。

何気ない日常の中で小さな喜びを感じ取る感性、つまり「氣」を育むことで、私たちは神さまに対して感謝をする機会を得ます。そして日常の中で神さまに手を合わせたり、神さまを感じながら感謝の気持ちを抱いたりすることも、立派な「ハレ」の行為です。

このように、私たちの日常生活には、実は「ハレ」の機会がたくさんあります。朝日に感謝を込めて手を合わせること、美しい自然に触れて心が癒される瞬間、大切な人との温かい会話や笑顔……。これらはすべて、神さまを感じ、そして「ケガレ」が祓われ浄化される大切な瞬間です。

こうした「ハレ」のひとときを大切にすることで、その都度私たちは再生し、新たなパワーを神さまから受け取ります。そして日常生活の中で神さまとの調和が生まれ、願望成就やシアワセが自然と引き寄せられていくのです。

ですので**「ケ」↓「ケガレ」↓「ハレ」の循環を意識しながら「氣」を育む**ことだけでも、神さまと調和し、「良いお付き合い」ができるようになってきますので、ここはぜひ意識していただきたいところです。

ここまでが神さまとの調和、つまり神さまとの「良いお付き合い」の内容についての解説です。神さまとの「良いお付き合い」は実践的なものでもあり、実践によって高められるものです。

そのため、神さまとの「良いお付き合い」の具体的な方法は改めてご説明をいたします。

では次に、神さま選びに移りましょう。

意外と見落とされがちな「神さま選び」

日本の神さまは本当に数が多く、そして多様性に富んでいます。この多様性は、そのまま私たち人間のパーソナリティの多様性とも合致しています。

つまり、日本の神さまが多様性を持っているがゆえに、私たち日本人に対してもさまざまな側面で寄り添ってくださっているのです。

この多様性の素晴らしいところは、願い事がたとえひとつであっても、その願い事に最もふさわしい神さまを選ぶことで、その願いがより実現しやすくなることにあります。

しかし、その多様性ゆえに、一般に流布している「ご利益」だけで神さまを選んでしまうと、本当に必要なサポートを十分に得られない場合があります。

ここで考えたいのは、「ご利益」の意味です。

✽神さまの役割を知ることの大切さ

ご利益とは、いわゆる「神徳」、つまり神様からの恩寵、恩恵のパワーなのです。そのため「神社に一度参拝して終わり」では、パワーをいただく機会がたった1回だけになります。しかし、それでは神さまからの恩寵、恩恵のパワーを十分にいただくことは難しくなります。

私たちが必要としている神さまからのパワーを存分にいただき、ご利益を最大限にいただくためには、神さまからの恩寵、恩恵、つまり神さまから私たちの願いに対して継続的にパワーを送っていただく方が効果的です。

そのためには、「正しい神さま選び」と継続的な神さまとの調和、つまり「良いお付き合い」がカギとなります。

少し余談になりますが、神さま選びで絶対に禁物なのは、神さまに願い事を託す、つまりお祈りをするだけで終わってしまい、**神さまという存在を願い事を叶える「手段」にしてしまう**、ということです。

これは、神さま選びだけでなく、願いを叶えてシアワセを実現するうえで最も避けるべきことです。**神さまは「手段」ではなく、調和する対象なのです。**

そのため、**神さま選びには「どの神さまとお付き合いをするか」ということも含まれます。**神さま選びは、神さまと皆さんとのご縁をつなぐ、つまり神さまと調和して自分にとって必要なパワーを受け取るための大切なプロセスなのです。

例えば、ビジネスの発展を願う方が、「商売繁盛」がご利益の神さまを選ぶのはひとつの選択としてあり得ます。

しかし、商売繁盛のために周囲の人間関係や取引関係が重要であるという場合だったら、「人間関係」をご利益にしている神さまを選んだ方が理にかなっています。

そして、その神さまとのお付き合い、つまり「調和」が続けば、人間関係のご利益からもたらされるパワーが、結果的に商売繁盛に繋がっていくことでしょう。

このように、目の前のご利益だけでなく、皆さんが本当に必要としているサポートや導きを考えながら神さまを選び、そして調和を維持することが非常に大切になってくるのです。

間違った神さまと繋がっていると……

では、神さま選びを間違ってしまっている場合は、どのような問題が生じるのでしょうか？

まず挙げられるのが、**願望成就が回り道をしてしまう**ということです。

例えば、恋愛成就を願っているのに学業成就の神さまを選んでしまうと、神さまのパワーと恋愛成就という願いがかみ合わないため、結果的に違った方向の流れが生まれてしまい、望む方向に進むための時間をロスしてしまいます。

次に、**願いを叶えシアワセになるための気づきやヒントが、得られにくくなる**ということがあります。

これも例を挙げると、ＩＴビジネスで結果を出したいのに、農業振興の神さまにお願いした場合、得られる気づきやヒントが食い違ってしまうのです。

すると、本来の願いを叶えるために必要なものが得られなくなります。

最後に、**神さまのパワーと私たちとの間の調和が崩れてしまいます。**

私の例で説明すると、私自身は心の病気を抱えているクライエントのケアを中心に活動している心理カウンセラーでもあるので、心理臨床のスキルを高めたいという願いがあります。

そのために日々、心理臨床を行いつつ、専門的な研修や専門書、論文から多くのことを学んでいます。そうしたインプットを通して心理臨床の技術を高めたいと思っている私が、学業成就をご利益とする天児屋命《あめのこやねのみこと》に願い事を伝えたとしましょう。

私が求めているのは自分自身の心理臨床のスキルアップであり、特段、学業を修めたいとは思っていません。私自身の波動は学業を極めるという性質のものではなく、心理臨床のスキルを高めるというものになっています。

そこに天児屋命のパワーがやってくると、どうしても不調和が生じます。

その結果、私は神さまからのパワーの不調和を抱えたままになりますので、私のスキルアップへと進むチカラが弱まってしまうという結果が生じます。


このように、神さまのパワーとの不調和によって、私たちが持っている本来のチカラが発揮されにくくなることが、神さま選びを間違えた際に生まれる最大の問題なのです。

この不調和は、本来進むべき道へ進めないばかりか、逆にネガティブな出来事を引き寄せる原因にもなりかねないため、注意が必要です。

「神さま選び」のチェックポイント

神さま選びの重要性はご理解いただけたかと存じます。

それでは、皆さんが間違った神さま選びをしていないかどうか、チェックリストを使って確認していきましょう。


チェックリストは20項目あります。

5つ以上当てはまったら要注意、10個以上当てはまったら、なるべく早く改善、15個以上当てはまったら、即改善！　です。

11 「どんな変化が欲しいのか」ということが明確でないまま、お願いしている

□

12 参拝する神社やお願いをする神さまを選ぶとき、直感を無視している

□

13 同じ願いを、願いとは関係のない複数の神さまにお願いしている

□

14 神社に祀られている神さまのことをよく調べずに、お願い事をしている

□

15 選んだ神さまを変えるとき、その必要性をきちんと考えていない

□

16 神さまにお祈りしているときに、温かさや力強さ、安心感を得ていない

□

17 神さまを変えるとき、以前お願いしていた神さまに感謝の念を伝えていない

□

18 お願い事の前に感謝を伝えることを、忘れてしまっている

□

19 願い事の成就が、完全に神頼みだけになっている

□

20 お願い事だけで祈りが終わってしまい、その後の神さまとの調和がない

□

1 自分の叶えたい願いに関係する神さまを調べずにお願いしている

□

2 複数の願い事があるのに、一柱の神さまにまとめてお願いしている

□

3 叶えたい願望の種類と神さまのご利益とのマッチングを考えていない

□

4 日常の守護と導きを担っている氏神様《うじがみさま》を大切にできていない

□

5 参拝する神社を「パワースポット」という目的だけで選んでいる

□

6 お願い事が漠然となっているまま、神さまにお願いをしている

□

7 叶えたい願望を取り巻く環境が変わったのに、同じ神さまにお願いしている

□

8 単に「有名だから」「ご利益がすごいから」という噂だけで神さまを選んでいる

□

9 叶えたい願望にマッチしていない神さまのお守りを持ち続けている

□

10 神社や神さまを礼拝するたびに、願い事がコロコロ変わっている

□

チェックリストについて、少し解説をしますね。

まず、重ねてお話ししていますように、神さま選びは2つの要素で成り立っています。それは、**「自分の叶えたい願いとマッチした神さまにお願いする」ということと「その神さまとの調和を維持し続ける」ということです。**

つまり、神さま選びとは単にどの神さまにするかを選択するだけでなく、その後の神さまとの「良いお付き合い」も含まれているということです。


神さまとのお付き合い、つまり調和をし続けることが必要な理由は、神さまからのパワーを余すことなくいただくということと、願いを叶えるために必要な成長や気づき、メッセージをいただくことを意味します。

すると神さま選びを行う際の大切な基準は、**「ずっとお付き合いしたい神さま」かどうか、ということ**になります。


これは神さまの立場から考えるとわかりやすいでしょう。

日本の神さまは多様性に富んでおり、そしてその多様性がゆえに個別の性質（性格と言ってもいいでしょう）を持っています。そして**神さまは当然、感情を持っています。**感情があるからこそ、私たちと苦楽を共にし、そして私たちのことを心から案じ、そして愛をもって導きと働きかけをしてくださるのです。

その神さまに対して、ご利益目当てで「お祈りして終わり」という接し方をしたら、神さまはどう思うでしょうか？

日本の神さまは寛大ですから、怒りを感じるということはありません。

ただ、残念な気持ちは禁じ得ないのです。なぜなら、そうしたお願い事に対して、神さまができることは限られているからです。

神さまと調和して初めて、神さまとの継続的なお付き合いが成立します。

その継続的なお付き合いがあるからこそ、神さまはより多くの導きや働きかけを私たちにしてくださるのです。

また、そもそもの「神さま選び」を間違えていた場合、神さまの側では何が起こるのでしょうか。

当然、神さまは託された願望成就のために働いてくださいます。しかし、託された願望と神さまの性質が異なるため、神さまは私たちに**「別の神さまを選ぶように」**というメッセージを発してくれます。

神さまとの調和がとれており、すでに「良いお付き合い」が成立しているのであれば、日常の中の気づきとしてメッセージは与えられるでしょう。

しかしそうした繫がりがない場合は、神さまとしては直接私たちとコンタクトを取る手段がないので、私たちが生活している環境に働きかけ、そして気づきを促します。

「神さまに祈っているのに、思い通りにいかない」という現象は、まさに神さまからのメッセージの典型例です。

もしも皆さんが「ずっと願っているのに叶わない!」「神社に毎月お祈りに行っているのに進展がない」という場合は、先述したチェックリストを踏まえたうえで、

- **神さま選びに間違いがないか?**
- **神さまと調和して「良いお付き合い」をしているか?**

という観点から自分を振り返ってみてください。

正しい神さま選びで、すごい効果が！

神さま選びを適切にし、そして神さまと調和し続ければ、驚くような効果が生まれます。それをお伝えするために、そのメカニズムを解説しましょう。

正しい神さま選びで願望成就が大きく前進する理由のひとつは、**神さまの持つパワーが皆さんの願いと一致する**からです。

例えば、あなたが新しい恋愛のパートナーを求めているとしましょう。神さまの中から大国主命《おおくにぬしのみこと》を選んで、調和したとします。

すると「新しい恋愛のパートナーが欲しい」というあなたの願いと、大国主命のパワーが一致します。その結果、恋愛を始めるのにふさわしい方（相手）が引き寄せられやすくなります。

もちろん、願いを叶えるためには私たちの行動も必要です。

先のチェックリスト（52～53ページ参照）に「神頼みだけになっている」という項目（19）が入っている理由は、私たちが3次元の世界に住んでいるため、この世界で願いを現実化するためには、私たちの行動も必要になるからです。つまり、願いを叶えるということは、**神さまと私たちとの「協働作業」**といえるのです。

その協働作業において、神さまとあなたの願いが一致して調和すればするほど、好循環がどんどん生まれて、パワーがより一層大きくなっていきます。その結果、願いを阻む障害が最小化され、願望成就へとスムーズに至るのです。

神さまとの調和を維持することで、私たちは自分の願いを常に意識し再確認するようになります。すると自分軸がしっかりと保たれて迷いもなくなり、願望成就へフォーカスするようになります。その結果、私たちの内面も安定していきますので、神さまからのエネルギーを最大限に活用できるようになります。

さらに、正しい神さまと繋がり調和が維持されることで、**願望成就を引き寄せるための気づきや直感が研ぎ澄まされる**のです。

そして神さまが私たちに働きかけを行い、その結果として気づきや直感が鋭くなるだけでなく、**「どのように行動したらよいか」というメッセージも受け取れるようになる**のです。

例えば、前述した新しい恋愛のパートナーを求めている場合、日常のちょっとした出来事から出会いのためのアイデアやヒントを発見するケースが増えていくことでしょう。あるいは、「この人と仲良くすれば、恋愛のチャンスが広がる」という人物との出会いが引き寄せられることもあるでしょう。

こうした現象は、神さまと皆さんとが調和した結果、神さまからの導きが自然と皆さんの意識に届き、浮かぶようになるからです。

恋愛を例にして、さらにどんなことが起こるかを解説しましょう。

新しい出会いがあったとき、「この人とは相性が良さそうだ」ということが直感的に判断できるようになります。神さまのパワーと皆さんが調和しているからこそ、理想の相手や良縁を引き寄せやすくなるのです。

言い換えるならば、**「願望成就のための道がスムーズになり、無駄な遠回りをする必要がなくなる」**というわけです。

気づきや直感、そしてメッセージそのものは細かな、そして小さなものかもしれません。

しかし、そうしたものが継続して皆さんの意識に届き、そして蓄積されていくため、最初は小さな導きでも、やがて大きなそしてポジティブな変化をもたらすようになるのです。

これが日本人である私たちが日本の神さまから得られる、「最高のギフト」です。

次の章から、日本の神さまが持つ性質をもう少し深掘りしつつ、「神さま選び」と神さまとの「良いお付き合い」について解説していきましょう。

第2章

日本の神さまの「正しい選び方」と「お付き合いの仕方」

そもそも「日本の神さま」とは？

それでは早速、「神さま選び」の方法をお伝えしていきますが、その前に今一度、日本の神さまの性質（本質）について考えてみたいと思います。

ここを外してしまうと、正しい「神さま選び」や「神さまとのお付き合い（調和）の仕方」も崩れてしまうからです。

✽人、山、川……全てのものに神さまが宿る

私たち日本人が体験的に知っている事実は、**「この世界の全てのものに神さまが宿っている」**というものです。これは、いわゆる**「八百万《やおよろず》の神」**という言葉に象徴されています。

「八百万」の意味は、「数えきれない」ということです。つまり、自然界だけでな

く、私たち一人ひとりの中にも分霊としての神さまが宿っているのです。

そして、私たち人間の日々の営みにも神さまは大きくかかわっています。

例えば、自宅やビルなどを建てたりする際には、「地鎮祭《じちんさい》」が行われます。これは工事の安全を神さまに祈願するものです。

航空会社や鉄道会社が新しい飛行機や鉄道車両を導入する際も、安全を祈願する神事が行われます。このように、あらゆる場面で私たちは神さまのご加護と導きを願うことが、習慣としてすでに定着しているのです。

さらに、山には山の神さまが、川には川の神さまが、海には海の神さまが、そして各地域には氏神様《うじがみさま》がいるように、神さまはそれぞれの場所を司っています。

そこでの人々の安全や安寧《あんねい》、そして発展を支えてくれているのです。

✿道真公のパワーは学問以外にも！

日本には「八百万の神」がおられ、神々それぞれが独自の性質と役割を持ち、特定の願いやニーズに応じてサポートしてくれます。この多様性により、神さまを選ぶことで運気が好転するだけでなく、私たちの潜在能力も最大化されます。

例えば、学問の神さまである「菅原道真公《すがわらのみちざね》」は、高い学識を究めた人物ですが、右大臣として活躍するなど政治家としても非常に有能でした。ただ、最終的には周囲の嫉妬と政略によって失脚してしまいます。

そうした菅原道真公のパワーを受けることができれば、単に学問に対する集中力が高まるだけでなく、その学問を究めるように導いてくださいます。

また政治的に優れたセンスがあったことから、実はマネジメントにおいても際立ったパワーを持っており、経営者あるいは管理職の方がマネジメントを行ううえで、菅原道真公は最大限のパワーを授けてくださるのです。

こうした神さまの性質は、私たちの願い事の内容に応じて、神さまを柔軟に選ぶことを可能にしています。それぞれの願いに応じて適切な神さま選びをすることで、その願望実現にふさわしい神さまからのパワーを受け取れます。

それこそが日本の伝統であり、またスピリチュアル・ワークとして完成形を示している神道の叡智《えいち》のひとつでもあります。

✽大事な氏神様を忘れていませんか？

神さま選びでつい忘れがちなのが、氏神様と私たちとの繋がりの大切さです。

日本の神さまの中でも、**氏神様は特別な存在**です。

氏神様は、特定の地域や土地で暮らす人たちの平和と繁栄を見守っておられます。

そのため**氏神様と繋がることで、私たちが暮らす地域のパワーを整えてくださり、その結果、私たちは心身ともに安定した生活を送ることができる**のです。

私たちが住んでいる地域は氏神様に守られており、氏神様のパワーの中で私たちは暮らしています。氏神様は私たちの日々の暮らしや活動を優しく見守ってくださっている、最も身近な神さまなのです。

ですので、皆さんが暮らしている土地の氏神様の存在を知り、そして参拝することは、神道のスピリチュアルな実践面で欠かすことのできない要素です。

初詣や七五三、厄除け等の節目のタイミングで氏神様にお参りすることは、私たちが暮らす土地のパワーとの調和を生み出し、氏神様のエネルギーをさらに多く受け取ることに繋がるのです。


このように、日本の神々の多様性は、私たちの生活を支え、願望成就のプロセスを導いてくださるチカラを持っています。

だからこそ、それぞれの神さまの性質を正しく理解し、そのパワーを活かすことで、私たちはより「安心で安全、そして平和」な状態になります。そして私たちの願いやシアワセを現実化してくださるのです。

神さま選びの基本は、神さまを知ることから！

まずは、神さま選びの基本から見てきましょう。

どの神さまを選ぶかを考える際、最もカンタンなのは神社に祀られている神さまのご利益を見るというものです。

確かに、これは最もカンタンな方法ですが、日本の神さまの本質は「ご利益」だけで語られるような小さな存在ではありません。日本の神々は私たちと同様に多様な存在であるため、それぞれパワーが異なります。

そのため、ご利益から神さまを選ぶことを否定はしませんが、より効果のあるパワーを得たいのであれば、もうひと工夫欲しいところです。

では、その工夫とは具体的にはどんなことでしょうか？

それはご利益を参考にしつつも、**「その神さまは、どんな性質をお持ちなのか？」**を知るということです。

神さまが持つ性質から発せられるパワーは、神さまによって当然異なります。その異なるパワーを見極める最も良い方法が、神さまの性質を知るということです。

理想を言えば『古事記』や『日本書紀』に記されている神々の物語を読むことで、その神さまの性質が明らかになってきます。

ただ、これを実践しようとすると本当に大変です。『古事記』も『日本書紀』も日本人ならぜひ一読していただきたいのですが、本の中で登場する日本の神々の数は膨大であり、また描写の細かさの面でも違いがあります。そのため、『古事記』や『日本書紀』からどの神さまを選ぶかを決めるのは最も理想的なのですが、相当に難易度が高い方法と言わざるを得ません。

そこで私がおススメする方法は、書籍やウェブでの検索を通して、「どのようなことをした神さまなのか？」を調べて、そこから自分が得たいパワーや願望と照らし合わせて決める、というものです。

具体的には、「ご利益」で神さまの絞り込みをある程度行い、そこから、「どのような神さまなのか？」を把握して神さまを選ぶというものです。

そのときに**大切なポイントは、「その神さまのパワーと調和したいと思えるかどうか」、つまり「お付き合いしたい神さまかどうか」ということ**です。

「神さまのパワーと調和してお付き合いする」ということは、「神さまのパワーをいただき続ける」ことを意味します。ですから、その神さまはどんなパワーを持っているかがとても重要な要素になります。

神さまのパワーの性質を判断する最善の方法は、**「どのようなことをした神さまなのか？」**を理解することなのです。

私の男性のクライエントで、お付き合いする神さまとして建速《たけはや》須《す》佐《さ》之《の》男命《おのみこと》（いわゆる『スサノオ』）を選んだ方がいました。

そのクライエントには、バイクの事故で生死をさまよった経験がありました。事故による怪我が治癒した後、「これからは新しい人生だ。多くの方々の役に立ちたい」と思い、それまでの事務職のキャリアからソーシャル・ワーカー、具体的に言うと福祉分野で困難を抱えている方の相談に乗り、必要なサポートを提供するキャリアを選びました。


建速須佐之男命という神さまは、若い頃はひどい乱暴者でした。しかしその後、高天原《たかまがはら》（神々が住まう場所）を追放されて改心し、弱っている方、困っている方を助ける神さまへと生まれ変わります。

一般的には建速須佐之男命は良縁や農業、防災除疫を司っているとされているので、一見すると流布しているご利益とクライエントの願望は一致しません。

ところが建速須佐之男命のパワーは、そのクライエントに非常に大きな影響を与えました。それまでは、お世辞にも家庭を顧みるタイプではなく、週末は趣味のバイクで、ツーリングにひとりで出かけてしまいます。家庭内でケンカが起こると、すぐに行きつけのバーでお酒を飲んで……という暮らしぶりでした。

それが建速須佐之男命を選んで調和するようになってから、生活は一変します。家庭では良き夫・良き父親になっただけでなく、社会福祉士の資格を取得し、ほどなく独立開業。その結果、ソーシャル・ワーカーとして前職よりも高い収入を得るようになりました。


私がそのクライエントに建速須佐之男命との調和について聞くと、彼は次のように答えました。

「スサノオ（建速須佐之男命）と深く調和すると、私の内側にスピリチュアルなチカラが満ちていくのを強く感じます。そのチカラは、まるで光に包まれるように優しく、慈愛と温もりに満ちています。スサノオのパワーは、私の魂に勇気の火を灯し、迷いや疲れを優しく祓いながら、前へ進む強さを授けてくれるのです。

朝、スサノオに祈ったり、あるいは瞑想のワークを行ったりすると、スサノオのパワーが私の内側に響き渡り、心が浄化されていくのを感じます。どんなに疲れや迷いを抱えていても、不思議と『大丈夫。きっと乗り越えられる』という安心感と共に、新たな活力と気力が湧き上がります。そして、実際に迷いが生じたり困ったことが起こったりしても、不思議と乗り越えていけるのです」

この事例のように、「どのようなことをした神さまか?」という観点から選んだ神さまとの調和は、絶大な効果をもたらしてくれるのです。

参考までに、本書の第3章で主要な神さまの性質とご利益をお伝えいたします。残念ながら数多くの神さまが日本におられるため、ご紹介できるのは日本の神さまのほんの一部ではありますが、皆さんの願望やシアワセの現実化のために必要な要素を網羅しています。

ただ、やはり自分に最も合った神さまを選ぶのが一番ですから、先述しましたように、まずはご利益から絞り込んで、どのようなことをした神さまかを理解してから選ぶ、という方法をぜひ実践してほしいと思います。

❃神さま選びでは「直感」も大切

日本の神さまを選ぶ際、神さまの性質や願いに応じて選ぶという方法は非常に合理的であり、大きな効果を期待できます。

しかし、それと同じくらいに**「直感」に従って選ぶ方法**も重要なのです。

参拝した神社の神さまや、書籍やウェブで目にした神さまに対して「これだ！」と感じる瞬間があれば、その直感を大切にすべきです。

日本人にはもともと高いスピリチュアリティがあり、かつ神道の伝統が生活に根付いているため、直感力は無意識のうちに培われています。

ですから、ある神さまに対して直感が働くということは、**その神さまと波動が一致しているサイン**なのです。

神さまに対する直感は、神社を訪れた際に**「居心地が良いな」「また来たいな」**

と感じる形で現れることが多く、これはその神社に祀られている神さまと縁があることを意味します。また、書籍やウェブで**「気になる」「行ってみたい」**と思う神社と出合ったら、同じくご縁があることを意味しています。

このような直感に従って素直に参拝すれば、自分に合った神さまと出会い、その神さまの力を感じることができるでしょう。

直感で神さまを選ぶ際には、一般に流布しているご利益にこだわらないことが大切です。「この神さまは縁結びのご利益がある」といった情報は一旦置いておいて、直感が働くか、ポジティブな感情が湧くかどうかを大切にしてください。

直感で選んだ神さまのご利益は、皆さんの願望と一見すると離れていると感じられることが多くあります。

しかし、後になって「実は願望と強い関係があった」ということが分かる場合も珍しくありません。つまり、直感で感じる神さまとのご縁も、特別な意味を持っているということなのですね。

直感によって神さまを選び、そしてその神さまと調和して、良いお付き合いをしていくというのは、願望成就やシアワセの現実化という観点では非常に効果的なので、おススメします。

神さまを選び、調和すると訪れる内面の変化とは？

日本の神さまと調和すると、**愛と慈悲に満ちた神さまのパワー**を受け取ることができ、心のネガティブな思いや迷いが浄化され、**静けさと平和**が私たちに訪れます。

神さまとの調和によって、ポジティブな波動により心が整えられ、「何を優先すべきか」を気づきとして受け取り、迷いは消えて進むべき道が明確になります。その結果、波動が高まり、願望成就やシアワセの現実化に向かうチカラを得られます。

神さまとの調和は、**感謝の念**を自然に湧き起こすチカラを持っています。神さまのポジティブなパワーが私たちの内面に働きかけ、分霊と共鳴することで、私たちの波動が変化し、物事の本質や大切なことに気づけるようになるのです。

感謝という感情は、神さまと調和するうえで最も重要です。そして自然の中や日常の中でポジティブな面を見つけられるようになると、感謝の感度がより高まり、調和がさらに深まります。

この感謝と調和によって、私たちの内面が浄化されて整っていきます。するとと願望成就やシアワセの引き寄せが強まり、「全てが安心で大丈夫な、そして最高の人生」が実現していくのです。

✿浄明正直《じょうめいしょうちょく》の境地とは？

日本の神さまを適切に選び、神さまとの調和を続けると、いわゆる神道でいう**「浄明正直」**の境地に自然と至るようになります。

浄明正直とは、**「清らかで澄んだ心」「明るく輝く心」「正しい行い」「素直で誠実な心」**を表す言葉で、神道の精神を象徴する大切な教えです。

この言葉は、『古事記』や『日本書紀』にも登場する「きよき」や「あかき」といった表現に通じるもので、私心のない純粋で調和のとれた心が、古代から個人や社会の在り方において重要視されてきたことを示しています。

神道では、私たちは**浄明正直な日本の神さまの御心を受け継いだ存在**であると考えられています。

これは、神道の大切な教えでもあるのですが、私たちの本質は神さまの分霊であることからも同じことが言えるでしょう。つまり、私たちは神さまの分霊を宿しているため、本質的には浄明正直であり、清らかで正直な心を持つ存在なのです。

また、浄明正直という教えは、単なる概念に留まるものではありません。私たちが日常の中で心を整え、豊かで調和のとれた人生を送るための指針として、今もなお深い意味を持っています。

この言葉を深く理解するためには、「浄明」と「正直」をそれぞれ分けて考えると良いでしょう。

✽ 浄明について

「浄明」は、**「清らかで明るい心」**を指します。神道における清らかさとは、心や魂が邪念や執着に囚われず、自然や神々と調和している状態を意味します。

具体的には次のような姿勢や行動が挙げられます。

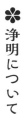

①心を清める

これは、**心に溜まった穢《けが》れや迷いを取り除き、純粋で透明な状態を保つこと**を意味します。

私たちは日々の生活の中で、怒りや嫉妬、不安といったネガティブな感情を抱くことがあります。これらの感情が心を曇らせてしまうため、それを浄化し、心を澄ませる必要があるのです。そのため、祝詞《のりと》等を用いた祓《はらえ》の儀式や後述する「神さまとの良いお付き合い」等を行うことによって、自分の内面が整い、神さまと調和した良好な状態を維持できるようになります。

②素直な心で、自然や物事と向き合う

「浄明」のもう一つの側面は、**物事を素直に受け入れる心の在り方**です。自然や周囲の出来事をありのままに受け入れ、ネガティブな感情や執着を手放すことで、物事の本質が見えてきます。

例えば、四季の変化や日常の些細な出来事にも感謝の気持ちを感じることができれば、心が豊かになるだけでなく、神さまとの調和も促進されます。

そのため、全ての出来事の中には神さまの導きがあることを意識して向き合うことは、私たちと神さまとの調和を深めるためだけではなく、その導きに気づき、願望成就やシアワセの現実化の波に乗るという意味でもとても大切なことです。

③調和を保つ

浄明の「明るさ」とは、ただ光を放つというだけではなく、**周囲と調和を保ち、**

平和を作り出すチカラを指します。

自分と自然、人間関係、社会とのバランスを大切にし、争いよりも平和を選ぶことで、神さまとの調和による環境や未来が生まれていきます。これは神道の素晴らしい叡智であり、神さまと調和した心を持つことで、願いが叶いシアワセが実現するというポジティブな変化が生まれやすくなるのです。

✽ 正直について

「正直」は、**「誠実で正しい心と行動」**を意味します。正直は、単に嘘をつかないという意味に留まらず、次のような広い実践的な意味合いを含みます。

① 誠実さ

浄明正直の在り方に含まれる誠実さとは、**神さまと他者に対して真心をもって接する姿勢**を指します。この誠実さは、神さまや他者との関係において調和を意識した在り方を大切にするものです。

具体的には、神さまに対しては、祈りや感謝を通じて素直な心を示し、日々の行動の中で誠実に生きることです。また他者に対しても、無理に自分を良く見せようとしたり、期待に応えようとするのではなく、心の調和を大切にしながら真摯《しんし》に向き合うということです。

このように、浄明正直における誠実さとは、神さまや他者との関係を自然で調和のとれたものにし、内面の平穏だけでなく、豊かさやシアワセの現実化の可能性を最大化させる在り方なのです。

②正しい行い

「正しい行い」とは、外部の社会的規範や道徳的な基準に盲目的に従って判断するのではなく、**自分自身の中にある分霊そのもの、言い方を変えると「自分らしい」ポジティブな判断に従って行動すること**を意味します。

「正直」では、自然や神さまとの調和を意識し、私たちの心の奥底にある純粋な感覚に耳を傾けることが重要となります。なぜなら、それは神さまの分霊から発せられるものだからです。この純粋な感覚に従う行為こそが、私たちが持つ本来の「正しさ」、つまり「自分らしさ」を発揮することに繋がっていきます。

③内面の正直さ

「内面の正直さ」とは、**自分自身に対して正直であり、本音や価値観、信念に忠実であること**を指します。

私たちは、現実世界の中で生きていくうえで、どうしても内面に葛藤や矛盾を抱えてしまいます。神さまとの調和は、それら葛藤や矛盾に向き合い、自分らしさを大切にしながら、生きる道を選べるように私たちを導いてくれます。

これは、他者にも自分にも偽らず、ありのままに生きる姿勢とも言えるでしょう。

また、**自分の弱さや間違いを認めること**も内面の正直さの一部です。

私たちはときに弱い存在となり、間違った方向に進んでしまいます。しかし、神さまとの調和は内面の正直さを顕在化させるため、そうした弱さや間違いを超えて、再び自分らしい生き方やありのままの自分を取り戻すことに繋がります。

✽「浄明正直」の日常での実践

神道では、浄明正直を日々の生活で実践することを大切にしています。このことは日本人にとって、暮らしに自然に根付いている「当たり前」になっています。感謝を忘れないこと、心を整えること、素直に生きること、正しい選択をすること……といった形で、私たちの暮らしの中で自然に行われているからです。

また、**浄明正直の境地は神さまと調和すれば自然に至るものでもありますが、私たちが少しでも浄明正直を意識することで、神さまとの調和がさらに深まり、内面がより豊かに変化し、私たち自身の波動はさらに高いものへと変わっていきます。**

その結果、他者や世界への感謝やポジティブな感情を生み、シアワセや豊かさへの可能性を広げる道を進むことへと繋がっていきます。

つまり、浄明正直とは、神さまと私たちが調和している状態そのものなのです。
このことを私たち自身が意識することで、願望成就やシアワセが現実化される「最短の道」を歩めるようになるのです。

とはいえ、現代のあまりにも多忙な生活の中では、心を浄明正直に保つことは難しいと感じることでしょう。それでも、感謝の気持ちを持つこと、自分自身に正直でいること、自然の中で静かに過ごす時間を作ることなどの「小さな行動」の積み重ねが、浄明正直な心を育む第一歩となるのを忘れないでください。
例えば、「倭姫命世記《やまとひめのみことせいき》」（鎌倉時代に編纂された神道書）には、次のような言葉があります。

「神垂以祈祷為先冥加以正直以本」（意訳：神さまより恩恵を授かるには、まず祈り、そして神さまの思し召しを受けるには正直が大切である）

つまり、**「祈り」と「正直さ」があることで、神さまからのパワーを存分に受けることができる**のです。

このように、浄明正直は、神道の観点から神さまと共に歩むための大切な心構えです。この心を持つことで、より豊かで調和のとれた人生を送ることができるのです。

神さま選びをしたら、神さまとの「良いお付き合い」を意識して毎日を過ごし、浄明正直な在り方を実践するようにしてください。

最初は小さなこと、例えばなるべく素直になろうと心がけるだけで大丈夫です。

神さま選びの次は、神さまとの「お付き合い」

神さまを選び、そして願望を託した後に大切になってくるのが、神さまとの調和を維持すること、つまり神さまとの「お付き合い」です。

私たちが願いを叶えてシアワセになるうえで、日本の神さまからパワーをいただくことは、非常に大きな効果をもたらしてくれます。

しかし、日本の神さまが願っているのは、単に私たちの願望が叶うことだけではなく、私たちの人生そのものが豊かでシアワセになることです。

そのため、**神さまは私たちを継続的に支えていきたいという想いを持っておられます。** ならば、私たちもその想いに応えた方がいいのは、言わずもがなです。

また、願望成就の観点だけから考えても、1回のお祈りで済ませるのではなく、神さまに継続的に応援していただいた方が、願いは当然叶いやすくなります。

神さま選びの次の段階は、神さまとの調和、つまりお付き合いを始めることになります。

神さま選びと神さまとの調和、神さまとのお付き合いをするうえで、神さまが最も大切にしていることを理解しておくことが必要です。

✿神さまは「弥栄《いやさか》」のために働いている

日本の神さまは「弥栄」のために働いておられます。これが神道の根幹をなす思想であり、日本の神さまの本質です。


「弥栄」とは**「ますます栄える」「永遠に発展し続ける」**という意味です。

これは個人や社会、自然や世界全体が調和の中で豊かさやシアワセを育み、繁栄していくことを願う神道の、そして日本の神さまの基本的な考え方を表しています。

「弥栄」は、私たちの願いやシアワセ、繁栄を心から願う神さまの意思であり、また、神さまからのパワーでもあります。この「弥栄」の精神は日本人が古来、受け継いでいる特別な願いであり、また私たちの生活の中に息づいているものです。

日本の神々が、異なる「ご利益」をそれぞれ持っているのは、まさに日本の神さまが「弥栄」のために働いておられる証拠です。

日本の神さまは、単に「お願いされるだけの存在」ではありません。神さまが「弥栄」のために働いておられるということは、神さまの働きの意図が単なる願望成就ではなく、**私たちがますます栄えることを目的にしている**ことに他なりません。

さらに「弥栄」とは、**私たち日本人の本来の生き方、在り方**でもあります。

歴史をさかのぼれば、日本人は縄文時代から「調和」や「寛容さ」を重んじていました。例えば、人間関係の中で意見が異なったり、対立したりしても、お互いに調和して争うことなく、平和な関係を築くことを大事に守ってきました。

縄文時代に部族同士で大きく争った形跡がないのも、日本人が縄文時代から「調和」と「寛容さ」を重要視していたからです。

✿私たちの生き方・在り方としての「弥栄」

神さまが私たちに求める生き方、在り方も「弥栄」です。

日本の神さまは、私たちが物質的な面でも精神的な面でも満ち足りた生活を送れるように働きかけておられます。

そのため、日本の神さまはいわゆる「現世利益」、つまり今現在の生活や人生において私たちが繁栄することを求めておられます。

また、「弥栄」の精神は、単に目の前の人だけのシアワセでなく、その周囲の人たちをもシアワセにしていくものです。日本の神さまは私たちに、「弥栄の生き方」を求めています。

これを私たちの視点から捉え直すと、単に神さまに願望成就を願うだけではなく、自分自身の心と行動を見つめなおし、自分だけではなく自分の周囲の人たちも「弥栄」に繋がるような生き方をする、ということです。

つまり、神さまが私たちの「弥栄」を願っているのと同じように、私たちも自分自身や周囲の人たちの「弥栄」を願って行動していくべきなのです。

例えば、他者を思いやる気持ちに基づいて行動する、他者に対して感謝の気持ちを抱き続ける、そして「弥栄」に向かって前進する、ということです。

この姿勢は神さまが私たちに願っている生き方・在り方であり、それが私たちの人生に文字通りの「弥栄」を運んでくれます。

そして、この**弥栄の精神こそが、神さまと調和して良いお付き合いをしていくために必要な最も重要な考え方なのです。**

ちなみに私の場合は、**「神さまと共に在り、弥栄を体現する」**ことを常に意識するようにしています。ここでいう「弥栄」とは、私の願いや想いだけでなく、人間関係の調和、自然との共生など、あらゆる面での調和と発展を意識するものです。

もちろん、私の生き方が素晴らしいものか、人から褒められるものかといえば、決してそうではありません。ただ、「神さまと共に在り、弥栄を体現する」ということを意識するだけでも、周りの世界の見方は大きく変わります。そして毎日の生活の中で、一本の芯が自分の中に通っているという感覚を覚えます。

判断に迷うときは、常に「弥栄」を意識するようにしています。すると、迷うことが少なくなり、ブレない自分として毎日を生きられるようになります。

これはあくまで私の例ですが、参考にしていただけると幸いです。

言霊のチカラの元とは？

神さまの前で唱える祝詞（第4章で詳しく説明します）や、私たちが祈る際にも、言葉、つまり言霊《ことだま》のチカラを使います。

私たちの日常生活のコミュニケーションでも、言霊を使う場面が多々あります。

言霊についての理解を深めておくと、言霊をより一層活用できるようになるでしょう。そこで、言霊について解説をしていきたいと思います。

✿言葉には現実を動かすパワーがある

万葉集にも言霊という言葉が使われていますが、万葉集の成立するはるか以前から、日本には**「言霊の幸《さき》わう国」**という思想がありました。

万葉集には山上憶良《やまのうえのおくら》の次の歌が残されています。

「言霊の　幸はふ国と　語り継ぎ　言ひ継がひけり　今の世の　人もことごと　目の前に　見たり知りたり」（意訳：言葉によって幸いをもたらす国と言い伝え、語り継がれて来たことは、今の時代の人たちもみな、目で見て承知している）

「言霊の幸わう国」とは、**「言葉の霊の働きによってシアワセが生じる国」**という意味です。古来、日本人がいかに言葉を大切にして、その言葉が持つチカラを認識していたのかが伺える歌です。

古来、日本では言葉には現実を動かす偉大なチカラが宿っているとされました。例えば伊邪那岐命《いざなぎのみこと》と伊邪那美命《いざなみのみこと》は「国産み」において、言葉を交わしながら日本の国土を作りました。このように、言葉は単なるコミュニケーションの手段に留まらず、**創造的なチカラを持つもの**と理解されていたのです。

言霊とは、一言でいうと**「言葉に宿る霊的なパワー」**であり**「現実を創造するチ**

カラ」を指します。その核心は、言葉が単なる音や記号なのではなく、発する人や神の意図や感情を運び、現実世界に影響を与えるというものです。

ここで大切なことは、言霊は単なる「単語」を意味するものではない、ということです。つまり、発する単語自体に言霊が宿るのではなく、その単語の元に**どのような意図や感情があるかによって、言霊の性質が変わる**のです。

例えば同じ「ダメでしょ」という言葉でも、仲の良い人に対して親しみの感情を元に言うのか、あるいは相手を批判したくて言うのかによって、発生する現実は変わってきます。

このように、単語に意図や感情が結びついて初めて言霊となるのです。

これは量子力学の観点から考えるとわかりやすいでしょう。

✿言霊と量子力学の不思議な関係

量子力学の視点から言霊について解説すると、さきほどまでの歴史的・経験的な視点からガラッと変わってしまいますが、じつは言霊は量子力学とも密接に関係しているので、理解を深めるためにお付き合いください。

量子力学と言霊との関係を本格的に説明するとなると、かなり難しく、また長くなってしまうため、かなり簡略化させていただきますがご容赦ください。

先述しましたように言霊は単なる単語ではなく、その単語に含まれる意図や感情が多く関係しています。

そして意図や感情の根底には、「ヒトの意識」が存在しています。

量子力学の世界では**「意識が現実を創る」**という仕組みがありますので、それを例にして、簡単に説明していきます。

量子力学には**「量子場」**という概念があります。

これは物質とエネルギーが存在する基礎的な場であり、宇宙の全てのものを繋ぐエネルギーの「場」です。この場においては、私たちの身の回りの物質やエネルギーだけでなく、素粒子（物質を構成する最小単位）そのものの状態が生み出されて、相互に繋がりを持っています。

つまり、全ての物質やエネルギーの根源となるのが量子場なのです。

そして、**この量子場は宇宙全体に広がっており、時間や空間をも超えて全てのものを繋いでいます。**そのため、はるか遠く離れた素粒子同士が瞬時に情報を共有する**「量子もつれ」**が発生します。


この原理が言霊に当てはまるのです。


私たちが属する世界や宇宙の根底には、量子場があります。そして、**その中で私たちが発した言葉も波動のひとつとなって、世界や宇宙に影響を与えます。**

このことは、私たちが発する言葉は単なるコミュニケーションの手段ではなく、宇宙のエネルギー、つまり**神さまと共鳴する重要なもの**であることを意味します。

私たちの「意識」も量子力学の原理によって生じています。

「意識とは何か?」という問いに対する答えは、現時点でも明確ではなく、非常に難解なのですが、量子脳理論によると、意識に対して量子力学が深く関わっているとされています。

実際に、脳内のニューロンの周期メカニズムについて研究した「Zefei Liu, Yong-Cong Chen, Ping Ao (2024)」によれば、脳内の神経繊維が「量子もつれ」によって結びついた光子のペアを生成することが理論で示されています。これは意識の根底に、量子力学が影響していることを意味します。

となると、宇宙や世界に言葉が影響を与えるにあたって、単なる「単語」ではなく、意識の状態、意図や感情が重要な意味を持つことがお分かりいただけるでしょう。

「単語」ではなく「意図や感情が重要」ということは、ぜひ意識してください。

その理由は、皆さんが神さまに祈りを捧げるとき、その祈りの「単語」だけでは効果はあまり見込めず、意図や感情が言葉に合わさって初めて効果を生み出すからです。

そのため、願いを叶えてシアワセを実現するためには、普段使っている言葉だけでなく、**そのときの心の在りよう**が非常に大切になってきます。

だからこそ、先述したように日々の暮らしの中で神さまと良い「お付き合いをする」習慣を丁寧に実行し、言葉だけでなく心も整えることを大切にしてください。

神さまとの「お付き合い」そのものは、私たちの心を整え、そして波動を高めてくれます。そして、私たちが神さまと良き「お付き合い」をしようとする姿勢は、神さまから皆さんにもたらされるパワーを最大化していってくれます。

本書で紹介した方法を活用しながら、毎日を神さまと一緒に丁寧に過ごしてください。

第3章

選ぶと安心！すごいパワーの神さまたち

日本の神々の役割と、その秘められたパワー

繰り返しお話ししていますように、日本の神々は「八百万の神」と称されるように、あらゆる場所・空間に存在しています。

そしてそれらの神々は特定の役割を担い、美しい日本の国土や自然、私たちの生活や人間関係、そして願望やシアワセに対してパワーを発揮しています。

こうした多様な神さまがいるおかげで、私たちは最も自分にふさわしい神さまを見つけることができるのです。

そこで、ここでは日本の神々がもつ役割とパワーを踏まえて、**願望別に選んだ方が良い神さま**をご紹介していきましょう。

ただ、日本の神さまの数は本当に膨大です。そのため、皆さんの願望と関連が深

い神さまを中心にご紹介していきます。

皆さんの願望に当てはめてみて、どの神さまが良いかという「神さま選び」の参考にぜひしてください。

天照大神《あまてらすおおみかみ》

壁を突破したいとき

もしかしたら、日本で一番有名な神さまかもしれません。

というのは、この神さまは私たちの生活ととても強く密着しており、昔はどの家にも天照大神を祀っている伊勢神宮のお札がありました。

日本人にとって**「お伊勢参り」**は特別な参拝です。そうしたことから、天照大神は他の神さまとは違う「特別な存在」と言うことができるでしょう。

天照大神は伊邪那岐命《いざなぎのみこと》の娘で、その誕生を喜んだ伊邪那岐命は「高天原《たかまがはら》」という神々が住まう場所を支配するように言われました。そこで天照大神は田畑を耕し、養蚕を興して絹を生産して織物も行い、**八百万の神々のトップの座**に君臨しました。

また天岩戸《あまのいわと》神話（天照大神が岩戸に隠れたため、天上も地上も真っ暗になった）が示しているように**「太陽神」**としての性質も持っています。天岩戸神話は太陽の

意味にも深く関わっており、太陽のエネルギーが失われると全ての生命力が減退し、逆に太陽が現れると全ての生命力がよみがえることを示唆しています。

このような天照大神は**「光と秩序」**を象徴しています。太陽神という性質から、自然の恵みと調和をもたらす存在であると同時に、闇を払い世界に秩序と平和、安定をもたらすパワーを持っているのです。

さらに天照大神は**神道の中心的な神さま**であり、同時に**日本人の精神的な支柱**ともいえる存在です。

加えて高天原を統べる最高神であり、母性的でありながら統治者としての性格も持っていることから、**柔軟性と威厳**を同時に兼ね備えた神さまでもあります。

そうした天照大神のパワーは、**強力な精神的エネルギー**と言えるでしょう。

試練や困難に直面して乗り越える必要があるとき、何かを成し遂げるとき、それらに必要なパワーを送ってくださる神さまです。

さらに**恵みと調和**をもたらしてくれる神さまなので、特に悩みが深いとき、壁にぶつかっているときにも導きを与えてくださいます。加えて**誰かに恩恵を与えたい、**

誰かの役に立ちたいという場合にも、同様に強力な導きを与えてくださいます。

ご利益

✧何かを乗り越えるときに必要な精神的なエネルギー
✧何か達成したいものがある場合に、その達成のための道を示し導いてくれる
✧悩みの中で出口が見えないときに、進むべき方向に光を照らしてくれる
✧誰かの役に立つための活動の成功をもたらしてくれる

⛩ 神社ガイド

●**伊勢神宮**（三重県伊勢市）の内宮……古来、最高の特別格の宮として尊ばれ、現在では神社本庁の本宗であり、「日本国民の総氏神」とされています。

●**廣田神社**《ひろた》（兵庫県西宮市）……神功皇后が新羅《しらぎ》への出兵から凱旋《がいせん》する途中、この地に祀るようにとの天照大御神のお告げがあったという逸話が残っています。

誉田別命《ほんだわけのみこと》

経営や芸術活動の成功

この神さまは応神《おうじん》天皇、または**「八幡《はちまん》さま」**の名前で知られており、古来は武運や国家の守護を司っていました。

有名なエピソードとして、母である神功皇后は、朝鮮半島への遠征（いわゆる『三韓征伐』）の際、お腹の中の誉田別命（応神天皇）を守りながら戦を指揮したとされています。こうした経緯から**武運**との関係が強いだけでなく、聖母神である神功皇后との母子関係が深い神さまです。

また、誉田別命（応神天皇）の治世は穏やかで文化が非常に栄えた時代であったとされています。そのため、**平和を司る神様**でもあります。源頼朝や足利氏らに篤く信頼され、仏教と結びついて「八幡大菩《はちまんだいぼ》薩《さつ》」としても信仰されます。その結果、

武士たちは戦の前に八幡宮を訪れ、勝利を祈願するようになったのです。

ただ、誉田別命自身は武功を立てた神さまというよりも、**すぐれた政治を行った神さま**であり、むしろそうした側面に着目をした方が良いでしょう。よって、繁栄と優れた結果を残す、**経営やマネジメントに対して強いパワー**を持ちます。

具体的にはより一層の繁栄をもたらし、優れた成果を上げること。また、組織やチームを率いる際に優れた経営手腕を発揮したい、より良いマネジメントを行いたいという方にピッタリです。

加えて**文化の発展にも尽力した神さま**ですので、**文化的な活動**、例えば音楽や絵画、執筆、舞台、ダンス等に対しても大いにチカラを発揮されます。

まとめますと、誉田別命は確かに古くから武運の神さまとして知られてきましたが、逸話から読み取れる本質的なパワーとしては、まず優れた政治力やリーダーシップを後押ししてくださり、かつ文化的な活動に対しても力強い援助をしてくださると言えるでしょう。

ご利益

✧今よりもさらに繁栄したい
✧経営やマネジメントの能力の向上
✧文化的・芸術的な活動の上達、成功

神社ガイド

● **宇佐神宮**（大分県）……1300年近い歴史を持つ日本の重要な神社のひとつであり、八幡神社の総本宮でもあります。

● **鶴岡八幡宮**（神奈川県鎌倉市）……源頼朝が勧請したという逸話のある有名な神社で、他にも比売《ひめ》神や神功皇后も祀られています。

大山咋神《おおやまくいのかみ》

調和や安定を願う

『古事記』では、大山咋神は大国主命《おおくにぬしのみこと》の子とされています。大国主命の系譜に属する神々は、農業や山林、川など自然に関連した神が多く、別の神さまになりますが山末之大主神《やますえのおおぬしのかみ》もその一柱《ひとはしら》（柱は神さまを数える際の単位）です。

大山咋神のエピソードと言えば、「山城国風土記《やましろのくに》」に記されている丹塗矢伝説《にぬりや》が有名です。丹塗矢伝説とは、神さまが丹塗矢に変身して女性に近づくという神婚の伝説なのですが、大山咋神は矢となって、玉依姫命《たまよりひめのみこと》のもとを訪れ、結婚しました。

この丹塗矢伝説ですが、もともとは農耕祭祀を意味しており、矢に化身した「穀《こく》霊《れい》」（穀物に宿る霊）である大山咋神と、それを祀る「巫女」である玉依姫命との、「神婚の秘儀」と「新しい穀霊の再生」という2つの性質を意味しています。このため、大山咋神は本来的に**豊穣の神さま**としての性質を持っています。

また、先述しましたように大山咋神は大国主命の系譜、正確には大国主命の子であることから、人々が暮らす**社会の安定と調和**をとても大切にしています。同時に、**自然との調和**も司っており、**社会と自然とが共に豊かになることを後押しする性質**を持っています。

これらから、大山咋神は**自然と共存する日本人の精神的文化を体現している**神さまと言えるでしょう。

やがて、大山咋神は仏教の天台宗との結びつきが強くなり、天台密教において重要な位置を占めるようになります。天台宗との結びつきを否定するわけではありませんが、神さまのパワーという観点から、天台宗との結びつきによる変化と大山咋神が本来持っているパワーは分けて考えた方が良いでしょう。

大山咋神は、山や農業、土地を司る神であり、天台宗との深い関係から比叡山を主宰する神としても知られています。

その名前には「山を杭で押さえる」という意味が込められていて、**土地の守護や安定**を象徴しています。また、農耕神として**五穀豊穣をもたらす神**であり、さらに渡来系文化との結びつきから、**水運や交通の神**としても信仰されています。
こうした多面的な神格から、豊かな実りや事業の繁栄、そして人間関係や組織、コミュニティの平和と安定を司る存在と言えるでしょう。

ご利益

✧人間関係や仕事で調和を必要としている場面での導き
✧組織や地域の安定に関する活動（リーダーや政治家等）を成功に導く
✧豊かさを創り出す、さらなる豊かさを実現してくれる

神社ガイド

● **日吉大社**（滋賀県大津市）……全国の日枝神社の総本社で、東本宮に大山咋神が祀られています。
● **松尾大社**（京都府京都市）……創建の起源は平安京以前にさかのぼり、京都最古の神社のひとつとされています。

建速須佐之男命《たけはやすさのおのみこと》

信念を貫き、夢を実現！

この神さまは一般に**「スサノオ」**という名称で知られています。**「祇園《ぎおん》さま」**という別名でも親しまれていて、天照大神の弟にあたります。

『古事記』や『日本書紀』に登場し、天照大神や月読命《つくよみのみこと》と共に伊《い》邪《ざ》那《な》岐命《ぎのみこと》が黄泉の国の穢れを浄化するために禊を行った際に生まれた、三柱のうちの一柱です。

もともと非常に荒れた性格で、高天原では乱暴の限りを尽くしました。

そのたびに姉の天照大神は建速須佐之男命をかばいますが、やがて耐えかねた天照大神が天岩戸に隠れてしまったという逸話（天岩戸神話）は有名です。

その後、建速須佐之男命は高天原を追放され、深く反省して改心します。

やがて、住民を苦しめていた八《や》岐大蛇《またのおろち》を退治する活躍により、生贄《いけにえ》になりかけた櫛名田比売命《くしなだひめのみこと》を助けて妻にします。

なお、この八岐大蛇を退治したとき、その尾から「天叢雲剣《あめのむらくものつるぎ》」（後の草薙剣《くさなぎのつるぎ》）を見つけ、それを天照大神に献上します。これが今日の天皇の三種の神器のひとつとなることは特筆すべきことでしょう。

また、日本で最初に和歌を詠んだのも建速須佐之男命です。

もともと、荒々しさと力強さを備えた神さまで、乱暴狼藉を重ねていました。しかし改心した後は、その荒々しさと力強さが、正義や調和を実現するために用いられるようになります。

そのため、建速須佐之男命の荒ぶるチカラは私たちに活力を与えてくださり、そして**正義と調和のために活動する私たちを導き守護してくださるパワー**を持っています。

また、**厄除けや災い封じのチカラ**も持っており、その正義感も相まって**弱い立場で苦しんでいる人たちや困難の中にいる人たちに対して、問題を克服するパワー**も与えてくださいます。

ご利益

✧自分の信念を貫き実現する
✧困難に立ち向かう勇気とチカラを得る
✧困っている方を支援する活動に適した行動力を得る

神社ガイド

● 素盞雄《すさのお》神社（東京都荒川区）……修験道の開祖・役小角《えんのおづぬ》の高弟である「黒珍《くろちん》」が、神託を受けて建立したという逸話があります。

● 牛嶋神社（東京都墨田区）……慈覚大師《じかくだいし》（円仁《えんにん》）が、建速須佐之男命の化身である老翁から託宣を受けて建立したと伝えられています。

日本武尊《やまとたけるのみこと》

ここ一番の勝利を願う

日本武尊は英雄的な人物で、強大な力と勇気を持つ武神的存在です。『古事記』や『日本書紀』において、数々の冒険と試練を乗り越える姿が描かれており、その生涯は史実としても日本の古代国家（大和朝廷）の形成や発展に貢献したといえるでしょう。

日本武尊は父である景行《けいこう》天皇の命を受け、数多くの遠征を行い、そして武功を立てました。九州の反抗的な豪族であった熊襲《くまそ》を征伐する際は、女装をして宴席に紛れ込み、酒に酔った熊襲の兄弟を討ったとされています。その後は出雲国に向かい、豪族の出雲《いずも》建《たける》を太刀の交換を提案する知略を用いて討ち果たしました。

日本武尊は単に武勇に優れていただけでなく、**戦略的で知略に長けたパワー**を持っています。

ご利益

✧経営やマーケティング、訴訟、政治などで必要となる戦略的思考、知略の獲得
✧勝負どころ、ここ一番というときに勝利に導いてくれる
✧競争や争わざるを得ない状況で勝利を授けてくれる

神社ガイド

● **大鳥神社**（東京都目黒区）……日本武尊が東征の途中でこの社に立ち寄り、東夷の平定と部下の眼病平癒を祈願したところ、霊験が現れたとされています。

● **白鳥神社**（香川県東かがわ市）……亡くなった日本武尊の魂が、鶴となって降り立った地に建てられた神社だとされています。

熱田大神《あつたのおおかみ》

厄除けならおまかせ

日本神話にとどまらず、国家としての日本の伝統という意味でも重要な三種の神器のうちの**「草薙剣《くさなぎのつるぎ》」**をご神体とする神さまです。

草薙剣は、日本神話で建速須佐之男命《たけはやすさのおのみこと》が八岐大蛇《やまたのおろち》を退治した際、その尾から出てきた剣です。後に天照大神《あまてらすおおみかみ》に献上され、天皇家の三種の神器の一つとなりました。

また草薙剣は、日本武尊《やまとたけるのみこと》が東征の際に使った武器であり、燃え盛る草原を焼き払って危機を乗り越える際に重要な役割を果たしました。

上記のことから、熱田大神は草薙剣そのものの霊力、剣に秘められている天照大神と日本武尊の霊力を併せ持った神さまと言えるでしょう。

3つの神さまの霊力を持っているとはいえ、霊力が3倍というわけではありません。ただ、3つの性質を備えているので、それらが融合したご利益を持ちます。

御神体の草薙剣の力により**武運長久や厄除け、災難除けのパワー**を持っています。
また、日本武尊の伝承に基づき、**開運**も司ります。さらに、**自然の恵みや調和のパワー**もありますので、**家族の安全や繁栄、転機が訪れたときや節目**に、これからの歩みがより良いものになるように加護を与えてくれます。

ご利益

✧厄を払い悪運を好転させる
✧計画性を求められる仕事や活動で成果を出せる
✧長期的な視野に立って、組織やコミュニティを導くことができる

神社ガイド

● **熱田神宮**(愛知県名古屋市)……熱田大神を主祭神として祀っているのは、基本的に熱田神宮のみです。三種の神器のひとつ、草薙神剣《みつるぎ》を祀っている神社としても有名です。

武甕槌命《たけみかづちのみこと》

交渉事をまとめる

武甕槌命は日本神話における武神であり、『古事記』や『日本書紀』に登場し、出雲国譲りの逸話で有名です。

高天原（天上界）を治める天照大神《あまてらすおおみかみ》が、大国主命《おおくにぬしのみこと》が治める葦原中国（地上界）を平定しようとした際の交渉役として、武甕槌命は派遣されました。

地上界へ降臨した武甕槌命は、大国主命と交渉を行います。その過程で武甕槌命の大胆な勇気を見せつけられた大国主命は国を譲ることを決心し、争いで血が流れることなく、天照大神の子孫が地上界を治める道が開かれました。

このような重要な役割を果たした逸話を持つ武甕槌命の基本的な性質は、**「雷神」**です。それを裏付けるように、神話では雷にまつわるものが記されています。

そのため、武甕槌命は**天地を繋ぐ力や、破壊と創造の象徴**とされます。つまり自

然の猛威を司りつつ、それを鎮《しず》める力にも通じているのです。

また武甕槌命の意外な一面として、水の恵みをもたらす存在でもあるのです。

古代から雷は雨をもたらす現象と結びつけられ、雷神は豊かな雨をもたらし、農作物の成長を助ける尊い存在とされていました。

武甕槌命もその武勇や交渉などの力強さだけでなく、雷神として雨を呼び、農耕に必要な水を供給する神さまなのです。

武甕槌命のパワーは、**勝利や逆境からの逆転**をもたらしてくれます。

また、武甕槌命が持つ剣と雷に象徴されるように、**邪悪なものを払い、秩序と平和をもたらします。**

国譲り神話における見事な調停者としての活躍から、**争いの解決や調和を導くパワー**も持っています。

さらに、**地震を鎮める神**として大地の安定や安全も担っており、その力は**災害除**

けや生活の安定・安寧をもたらしてくれることでしょう。

ご利益

✧災厄から守り安全をもたらしてくれる
✧安定的な人間関係を作ることができる
✧混乱している状況を整えることができる

神社ガイド

● **鹿島神宮**（茨城県鹿嶋市）……古代には東国遠征の拠点として重要な祭祀が行われ、その後、国の守護神として奉幣使《ほうへいし》が頻繁に派遣されました。

● **辰市《たついち》神社**（奈良県奈良市）……春日大社の創建に深く関わる由緒ある神社であり、明治維新までは「蓮《はす》の御供」と呼ばれる神饌を春日大社に献供していました。

市杵島姫命《いちきしまひめのみこと》

美のパワーがアップ

市杵島姫命は宗像三女神《むなかたさんじょしん》と呼ばれる三姉妹のうちの一柱であり、**「弁天様」**として知られています（正確には、仏教の『弁財天』と同一視された結果で、本来は別々の神さま）。

宗像三女神はみな大変な美人として知られており、『古事記』によると天照大神から**海の守護神**となるように命じられた神さまです。

海だけでなく水域の守護を司る神さまとして、知られるようになりました。

先ほど、弁財天と同一視されたと書きましたが、それはある種の必然でした。

双方とも大変な美女であるだけでなく、市杵島姫命は美しさに加えてシアワセを司っていること、弁財天も同じく水にゆかりがある、というように共通点が複数あったのです。

ただ、いわゆる「神仏習合」によって市杵島姫命は弁財天と同一視されたという経緯がありますので、市杵島姫命と弁財天は一応分けて考えた方が良いでしょう。


国土を海に囲まれた日本人にとって、海産物や他国との交易といったさまざまな恵みをもたらしてくれる海という存在は、とても神秘的なものでした。

市杵島姫命は美女の誉れの高い神さまですので、**美に対するパワー**も持ち合わせています。

そのため、**水に関係する事業や活動をしている方や自身の美的な要素を高めたいという方**にとっては、頼もしい力強い神さまであるといえるでしょう。

「海の幸」という豊かさを生み出す神さまでもありますので、**豊穣、つまりより多くのものに恵まれて豊かさを実現する**という意味でも強いパワーをもった神さまでもあります。

ご利益

✧女性性を開花へと導く
✧自分自身や他者の美に関する取り組みや活動
✧物事が良好な形で維持され安泰な状態になる

神社ガイド

● 厳島《いつくしま》神社（広島県廿日市市）……世界文化遺産に登録され、国内外から多くの参拝者が訪れる名所となっています。

● 宗像《むなかた》大社辺津《へつ》宮（福岡県宗像市）……辺津宮は宗像大社の三つの宮のひとつで、本土における宗像三女神信仰の中心地となっています。

宇迦之御魂神《うかのみたまのかみ》

豊かさや成長を願う

この神さまは主に**穀物や農業、豊穣を司る神さま**です。

「宇迦」は「食物」や「穀物」を意味し、「御魂」は霊的な存在や神聖な力を指します。そのため、この神さまは農作物と関係が深く、私たちの生活を支えて豊かさを実現してくれる神さまです。

また、この神さまは**「稲荷神《いなりのかみ》」**（いわゆる『お稲荷さん』）としても知られています。

『古事記』や『日本書紀』では、あまり多く言及されている神さまではありませんが、『日本書紀』では伊邪那岐命《いざなぎのみこと》と伊邪那美命《いざなみのみこと》との間に生まれた子とされています。

「御魂」という言葉が示す通り、霊的なパワーは強力で**「豊かさ」「成長」**に関係するものであれば、この神さまがピッタリです。

これから発展して**豊かさを実現したい、もっと成長したいという方に効果的なパワーを送ってくださる神さま**です。

つまり、**繁栄と成長**。これから何かを始めて、それを大きくしていきたいという場面にパワーを発揮されます。また**食べ物を扱う事業や趣味**にも適した神さまです。

ご利益

✧今以上にさらに豊かさを大きくしていきたい

✧個人的な成長や何か上達したいことが満足できる結果になる

✧食べ物を扱う仕事や活動での成功

神社ガイド

- **伏見稲荷大社**（京都府京都市）……927年に全国3100社中で最高の格式である「名神大社」となった神社です。
- **稲荷鬼王《きおう》神社**（東京都新宿区）……巡礼に訪れた方が病気になり、夢に現れた老人の助言で豆腐を捧げて祈ったところ、病気が平癒したという伝説があります。

木花咲耶姫命《このはなさくやひめのみこと》

安産や子孫の繁栄

名前の「木花咲耶」は、日本人の伝統に深く根ざしている**桜が、美しく咲くこと**を指しています。そして、桜と並んで日本の象徴とされる、**富士山に祀られた神さま**でもあります。

天照大神の孫にあたり、いわゆる「天孫降臨《てんそんこうりん》」で高千穂《たかちほ》に降り立った瓊瓊杵尊《ににぎのみこと》との結婚で有名な逸話があります。

木花咲耶姫命はたった一晩で身ごもったため、瓊瓊杵尊に「自分の子どもではないのではないか？」と疑われてしまいます。疑いをはらすために、木花咲耶姫命は産屋《うぶや》に閉じこもって自ら火をつけ、その炎の中から三柱の神さまを出産しました。

この三柱のうちの一柱である、火遠理命《ほおりのみこと》の孫が初代天皇の神武天皇となります。つまり木花咲耶姫命は、皇祖の流れを次代へと繋いだ大切な神さまなのです。

このように木花咲耶姫命は美しさだけではなく、**女性としての強さ、さらには後々まで長く続く伝統を生み出す源の神さま**と言えるでしょう。

ご利益

✧身《み》籠《ご》もりや安産

✧美的な魅力への追求と実現

✧子供や孫などの健やかな成長とシアワセの実現

神社ガイド

● **富士山本宮浅間大社《ほんぐうせんげん》**（静岡県富士宮市）……富士山の神として祀られています。この神社は浅間神社の総本山でもあります。

● **櫻井子安神社《さくらいこやす》**（千葉県旭市）……この神社では他に伊邪那岐命や伊邪那美命を祀っています。

菊理媛神《くくりひめのかみ》

対立を和解したいとき

菊理媛神は『日本書紀』の一書《あるふみ》（異伝）のみに登場し、しかも詳細な記述はなされていません。しかし、とても重要な役割を果たした神さまなのです。

伊邪那《いざな》美命《みのみこと》が亡くなり黄泉の国へ行きました。夫である伊邪那《いざな》岐命《ぎのみこと》が会いに行くのですが、その際に伊邪那美命と伊邪那岐命との間で夫婦ゲンカが始まります。

そのケンカを仲裁したのが菊理媛神なのです。

菊理媛神は夫婦それぞれの言い分を聞き、そして二柱の神々の間を取り持ち、調和をもたらしました。

この逸話では、伊邪那美命は死者の国（あの世）を代表しており、一方の伊邪那岐命は生者の国（この世）を代表しています。このように、全く異なる性質を持つ者たちの間を仲介して調和をもたらす菊理媛神は、巫女としての性質も持っている

ため、**「神さまと人間との間を取り持つ」**という役割も持っているのです。

加えて、二柱の神々を仲裁した背景には、「言葉」の働きがありました。つまり、**対話によって解決を図るパワー**も持っているのです。

ご利益

- **恋愛や結婚、仕事等の関係でケンカや意見対立がある場面での和解、調和**
- **職場やコミュニティなどでの取りまとめ**
- **コミュニケーションスキルの向上**

神社ガイド

- **白山比咩神社**《しらやまひめ》(石川県白山市)……全国に多数ある白山神社の総本宮です。菊理媛神は主祭神として祀られており、地元では「しらやまさん」と親しまれています。
- **白山神社**(東京都文京区)……伝説の修行僧・泰澄《たいちょう》が九頭龍王《くずりゅうおう》の顕現を見たとされ、後に修験者が白山で修行を行うようになりました。

伊邪那岐命《いざなぎのみこと》

発展や再生を願う

伊邪那岐命《いざなぎのみこと》は、伊邪那美命《いざなみのみこと》と対をなす創造神として『古事記』や『日本書紀』に記されています。

高天原の神々から地上の国を形作る使命を受け、伊邪那美命とともに「国産み」と「神産み」を行います。

まず二神は天浮橋《あめのうきはし》から矛（天沼矛《あめのぬほこ》）を使って大地を作り、日本列島（淡路島、四国、九州、対馬、本州など）を次々と生み出しました。

二神は国産みに続いて、神産みへと進みます。海の神（大綿津見神《おおわたつみのかみ》）や山の神（大山津見神《おおやまつみのかみ》）など、たくさんの神々を産みだします。ところが、火の神である軻《か》遇突智《ぐつち》の誕生によって伊邪那美命は命を落としてしまい、黄泉の国（死者の国）へと去ってしまいます。

深い悲しみを抱えた伊邪那岐命は、黄泉の国に向かって伊邪那美命を連れ戻そうとします。

しかし伊邪那岐命のこの試みは失敗に終わり、黄泉の国から逃れた後、穢《けが》れを落とすために禊《みそぎ》を行います。その過程で天照大神《あまてらすおおみかみ》や月読命《つくよみのみこと》、須佐之男命《すさのおのみこと》といった重要な神々が生まれました。

これが神道における「禊」の始まりであり、また日本の神々が数多く生まれる契機にもなりました。

伊邪那岐命は、先述しましたように日本列島を形作った、いわゆる**日本の始祖的存在であり創造神**です。同時に、**神々の父的な性質**を持っています。

伊邪那岐命の役割は単に世界を創造するだけでなく、その後の**秩序や調和**を保つための重要な基盤を築くことでもありました。

伊邪那岐命は創造神であることから、**「繁栄」や「物事の発展」に対するパワー**を持っています。また、禊によって穢れを浄化し、多くの神々を生み出したことから、**「浄化」や「再生」**という性質ももっています。

さらに、天照大神や須佐之男命といった重要な神々を生み出した父としての神格から、**「家族の安泰」や「繁栄」**も司っています。

ご利益

- ✧ **新たな事業や物事の始まりに際して、成功まで導く**
- ✧ **今までとは違った新しい在り方、生き方をしていくことに対する加護**
- ✧ **家族、親族の平和と調和、そして発展**

神社ガイド

- **伊弉諾神宮**（兵庫県淡路市）……国産みの神話に登場する伊邪那岐命と伊邪那美命を祀る全国で最も古い神社のひとつです。
- **京都大神宮**（京都市下京区）……相殿神の一柱として祀っており、一条家の玄関および書院を移築した美しい神社です。

伊邪那美命《いざなみのみこと》

家庭の平和を願う

伊邪那美命は、日本神話における創造神であり、天地《てんち》開闢《かいびゃく》の神々の一柱です。夫である伊邪那岐命《いざなぎのみこと》とともに、国産み・神産みを行った神さまです。二神は最初に天浮橋から矛を使って海をかき混ぜ、最初の島である淡路島を誕生させました。

その後、数多くの島々（日本列島）と神々を産み出しましたが、火の神である軻《か》遇突智《ぐづち》の誕生により大火傷を負い、命を落とします。死後は黄泉の国に赴きますが、連れ戻そうとしてやって来た伊邪那岐命との間で夫婦ゲンカが起こり、先述しましたように菊理《くくり》媛神《ひめのかみ》によって仲裁されています。

伊邪那美命は生命を創造する一方で、死後の世界へと繋がる神としての一面も持ち、**生命と死の両面を司る神さま**と言えるでしょう。

伊邪那美命が持つパワーは、自然の生成や命を循環させるもので、国産みや神産

みを行ったことからも、**創造や繁栄に象徴されるご利益**ももたらしてくれます。

母性を象徴する神さまでもあり、**安産や子育て、家庭の安定**を司っています。

さらに、黄泉の国との関わりから、**霊的な世界に関連するパワー**も持っています。

ご利益

✧スピリチュアルな能力の開花と安定
✧家族、家庭の平和と繁栄
✧病気からの快復、健康の維持向上

⛩神社ガイド

● **伊射奈美神社**（徳島県美馬市穴吹町）……延喜式《えんぎしき》神名帳に記載された唯一の伊邪那美命を冠する由緒ある神社です。

● **熊野大神宮**（大阪市東成区）……一度は石山合戦で焼失しましたが、その後再建され、大阪城代就任と領地巡察の際は必ず参拝されていました。

天棚機姫神《あめのたなばたひめのかみ》

創造性を伸ばす

天棚機姫神は織物や機織りを司る神さまとして知られています。「棚機《たなはた》」は、古代の機織りの器具や作業を指し、布を織る女性たちとの関連があります。

古代の日本では織物といえば貴重品でした。そのため、織物を神に捧げる祭祀や儀式は非常に重要視され、天棚機姫神による加護が祈られてきたのです。

また、織姫伝説や七夕の行事とも結びついていることでも有名です。

天棚機姫神は、織物や機織りを通じて神聖な布作りを司り、奉納品として神に捧げる役割を担う神さまです。機織りには技量や誠実さが求められることから、**技術の確かさや勤勉さ**も併せて司っています。**ものづくりや芸術を通じて、人々の暮らしや文化を豊かにするパワー**を持っています。

天棚機姫神は、**技術に関連するもの**、例えばエンジニアリングやソフトウェア、工業製品の開発と発展に対してパワーを持つ神さまです。
また**仕事に打ち込む勤勉さ、技術の上達、クリエイティブな活動**に対しても導きを与えてくれる神さまです。

ご利益

✧創造性の向上やクリエイティブな活動の成功
✧技術系の事業や活動の成功と発達
✧勤勉さや努力が必要な場面に、そのプロセスに対するサポート

神社ガイド

- **初生衣神社**《うぶぎぬ》（静岡県浜松市）……境内の「織殿」で800年以上にわたり御衣《おんぞ》を織り、伊勢神宮に奉献してきた唯一の神社です。
- **機殿神社**《はたどの》（三重県松阪市）……二社あって伊勢神宮の祭祀と深く関わっており、神《かん》御衣《みその》祭に供進される荒妙を奉織する役割を担っています。

大国主命《おおくにぬしのみこと》

健康の維持や病気の治療

大国主命は日本神話における**国造りの神さま**で、『古事記』や『日本書紀』にその活躍が描かれています。少彦名命《すくなひこなのみこと》と協力しながら日本の国土を開拓することで形作り、農業や医療、まじないの法を広めたとされています。

八十《やそ》神《がみ》からの迫害を受けながらも試練を乗り越え、最後には大国主命として国土の支配者となります。しかし天照大神の命を受けた武甕《たけみ》槌命《かづちのみこと》に国土を譲り渡し、これにより地上界から退き、幽世《かくりよ》の主として祀られる存在となりました。

大国主命は、日本国土の形成と発展を象徴する国造りの神さまであり、試練を乗り越えながらも、**優しさと知恵を持つリーダー**という性質を持っています。

医療やまじないの法を少彦名命と共に広めたことから、**生命や健康に関わる神さま**としても重要です。また、**農業や産業の発展を助ける神さま**としても知られ、土地の繁栄を守る存在でもあります。

幽世の主として、見えない世界と現世を繋ぐ役割を持ち、**祈りや願いを聞き届ける役割**も担っています。

大国主命は、国土の発展や人々の幸福を守る神さまとして、多岐にわたるご利益をもたらしてくれます。

そして先述しましたように医療やまじないの法を広めたことから、**健康や治癒を願う人々に対して強力なパワー**を送ってくださいます。

また、**土地の繁栄や五穀豊穣を守り、生活基盤を支える**という役割も担っておられます。さらに、**人間関係の調和を助ける神**としても広く信仰されています。

まとめますと、大国主命は、国造りの偉業を成し遂げただけでなく、幽世と現世をつなぎ、人々の願いを聞き届けるパワーもお持ちです。

さらには、人を思いやる優しさ、新たなご縁を結ぶパワー、そして健康や治療をもたらすパワーも併せて持っておられます。

ご利益

✧新しいご縁を繋いでくれる
✧健康維持や病気平癒
✧超自然的な能力で願望成就のための運気を形成

神社ガイド

●**出雲《いずも》大社《おおやしろ》**（島根県出雲市）……建立ははるか神代の時代にさかのぼるとされ、『古事記』や『日本書紀』に創建の由来が記されている日本最古の神社のひとつです。

●**大国主社**（京都府京都市）……八坂神社の境内にあり、毎年1月の最初の甲子《きのえね》の日に祭典が行われていることで有名です。

須勢理毘売命《すせりびめのみこと》

恋愛成就、夫婦円満

須勢理毘売命は、日本神話に登場する女神で、大国主《おおくにぬし》命《のみこと》の妻のひとりです。父は須佐之《すさの》男命《おのみこと》であり、彼女の結婚のエピソードが『古事記』や『日本書紀』に記されています。

須佐之男命が住む根《ね》の国（黄泉に近い世界）で大国主命と出会い、一目で恋に落ちます。大国主命がへびのいる部屋に泊ることになると、須勢理毘売命はへびを鎮める道具を大国主命に与えたため、無事に休むことができました。

このように、須勢理毘売命は大国主命が須佐之男命から課せられた数々の試練から彼を救い出し、愛を育みました。須勢理毘売命は**知恵と勇気を持つ神さま**と言えるでしょう。

また、大国主命が地上で国造りを進める際もその後ろ盾として支えました。

須勢理毘売命は、強い意志と知恵を持つ女性神であり、大国主命の良き伴侶としての役割を果たしました。大国主命に寄り添い、彼を支える献身的な性質が印象的な神さまです。

大国主命との強い絆と愛情に示されているように、**夫婦や家庭の調和に対しても強いパワー**を持っています。

加えて天照大神の弟である須佐之男命の娘という高貴な出自のため、**自然界や霊的な力との結びつき**も持っています。

須勢理毘売命のご利益は、一般的には恋愛の成就や夫婦和合、家庭の繁栄が中心と思われがちですが、実はそれだけにとどまりません。

困難な状況に直面した際、**知恵や勇気と共に乗り越える力を授けてくれる神さま**でもあるのです。

また、地上での生活を支える女神でもあることから、**仕事や事業を繁栄に導き、家族全体を守護する**など、私たちの暮らしの広い範囲を司っておられます。

ご利益

✧恋愛成就
✧円満な恋愛、夫婦関係の発展
✧コンサルティングや教育、対人支援等の場面で適切な助言や指導

神社ガイド

● **那売佐神社**《なめさ》（島根県出雲市）……須勢理毘売命は、この神社がある地域の岩坪で生誕したという伝説があります。

● **春日大社**（奈良県奈良市）……春日大社本殿の主祭神には含まれていませんが、末社での祭祀を通じて、縁結びや夫婦和合の神としての役割も担っています。

神さま選びは慎重に、そして柔軟に

これまでで、日本の神々のほんの一部ではありますが、神さまの性質とご利益を紹介し、多くの方々に共通しやすい願望に合った神さまをお伝えしました。

日本の神々が、私たちの暮らしの中のかなり細かい場面でチカラを発揮されることがお分かりいただけたかと思います。

そのため、願望を神さまに託すときは、まずは**自分自身の願望をきちんと理解すること**が大切です。つまり、願望の中で何が足りていて、何が足りていないのかを理解していないと、適切な神さま選びに結びつかない可能性が高くなるからです。

✽願望の本質を見極めることの大切さ

まず、自分の願いが「どんな性質を持っているのか」を深く考えることが重要です。例えば、「仕事で成功したい」という願いを持ったとして、単なる仕事の成果の獲得だけに留まらず、「努力を続けるチカラ」が必要なのか、もしくは「周囲との調和」が必要なのかまで考えることで、必要となる神さまの性質は変わってきます。

このように、表面的な願いの背後にある本質や、現在の自分の課題を見極めることが、神さまを選ぶ第一歩となります。

✿神さま選びの際に必要な柔軟性

また、神さまを選ぶ際には**「柔軟性」**を持つことも重要です。私たちを取り巻く環境や状況は刻々と変化しています。1年後も今と同じとは限りませんよね。

さらに、願望成就のために足りない部分や課題も、成就までの過程で変化していきます。そのため、一度神さまを決めたからといって、ずっと同じ神さまに祈って調和していくよりも、時々立ち止まって自分自身を振り返り、**状況に応じて神さまを選び直す**必要があるのです。

先述しましたが、神道の考え方には、**「多様性」と「調和」**があります。複数の神さまが存在することで、私たちの願いの多様性に応じた加護や導きが得られます。

したがって、自分が抱える願望や課題に誠実に向き合い、それに最も適した神さまを柔軟に選ぶことで、内面の調和はもちろん、その成果、つまり願望成就のために必要な要素を引き寄せることもできるようになります。

✿選んだ神さまを変える場合

このように、神さま選びは自分自身の願望の内容を踏まえたうえで行いますが、願望成就の進捗状況や願望そのものが変わったという場合には、新たに神さま選びをしなければならない場面が生じます。

例えば、恋愛で素晴らしい異性と出会うために大国主命《おおくにぬしのみこと》にお願いをしていたとします。幸いにも理想の異性と出会うことができ、その相手とさらに関係を発展させたいと願う場合は、須勢理毘売命《すせりびめのみこと》を選んだ方が妥当ということになります。

こうした場合、願いを託す神さまを変えることになりますが、神さまとは調和して協働で願望をかなえていくという関係ですので、非礼にならないように慎重に進めることが重要です。

そのため、次のポイントを意識すれば、神さまとの関係をスムーズに移行させ、新たな願望の実現に向けて祈りを深められるでしょう。

まず、**今まで祈りを捧げて願いを託してきた神さまに対して、感謝を伝える**ことが最も大切です。

これまでのサポートや導きに対し、誠意と感謝を込めつつ、**別の神さまに願いを託す理由**を説明したうえで「ありがとうございました」と、心からのお礼を神さまにお伝えしてください。

別の神さまに願いを託す理由を伝えるにあたっては、そうなった事情をきちんと説明することが大切です。ただし、願いを託す神さまを変えるのは、自分を取り巻く状況が変わったからであって、その神さまが非力だったからではありません。そのため、理由については前向きな表現にすることが大切です。

例えば、先述した大国主命から須勢理毘売命に変えるという場合は、次のような表現となるでしょう。


「大国主命さま、これまで私の願いをお聞きくださり、見守ってくださったことに心より感謝申し上げます。大国主命さまのご加護のおかげで、これまで多くの学びと恵みをいただくことができ、さらには素晴らしい方とのご縁を結んでいただき、いまその方とお付き合いをしています。

このたび、私の願いが『この関係をさらに発展させたい』というものに変わったため、新たな祈りを須勢理毘売命さまに託させていただきたく存じます。ただ、大国主命さまへの感謝の気持ちはこれからも決して変わりません。

どうかこれからも見守ってくださいますよう、お願い申し上げます。ありがとうございました」

この文言は、神さまの名前と願望の内容を変えることで、どの神さまにもそのまま使えますので、この文言を基本にしてアレンジをして用いてください。

次にもともとの神さまに理由と感謝を伝える具体的な方法ですが、神社に直接参拝できる場合や自宅に神棚やお札がある場合は、**通常通りの参拝方法、つまり「二拝二拍手一拝」をして、心を込めて感謝の言葉を伝えてください。**

そうすれば、神さまにその思いは届くでしょう。

また、**お札がある場合には、もともとのお札は神社にお返しします。**

そして、新たなお札をしかるべき場所に配置してください。新しいお札を配置する前に、必ずその場を掃除して清めることを忘れないでください。こうして、新しい神さまに対して、改めて現在の願望成就を祈ることになります。

もしも神社や神棚、お札がない場合は、太陽が昇る東の方角、あるいは太陽の光が当たる南の方角を向いて、「二拝二拍手一拝」の方式で理由と感謝を伝えましょう。

さらに大切なことは、どの神さまを選ぶにしても、真摯《しんし》で誠実な態度で向き合うということです。

ここは強調しておきたい、重要なポイントです。

神さまを変えるという行為は、決して神さまに対する「裏切り」ではありません。そのため、神さまを変えることによって何かネガティブなことが起きたり、あるいは神さまから「罰」を受けるということは、まずあり得ません。

状況に応じて神さまを選び、そして変えるというのは、願望の流れや願いが変化した結果として、必要に応じて最適な神さまとの新たなご縁を結ぶという、自然で調和的なプロセスなのです。

日本の神さまは八百万《やおよろず》の存在ですので、それぞれが得意分野を持っています。私たちの人生が常に変化し、願い事や目標が移り変わるように、祈りの対象となる神さまも変わることは、ごく自然なことであり、神さまも全く同じ認識を持っておられます。

そのため、日本の神さまは **「役割分担」の精神**を持っています。

これは、私たちが異なる願いや課題を持つとき、それに応じて適切な神さまに祈ることを自然な流れとして受け入れてくださることを意味しています。よって、最初に祈りを捧げていた神さまから別の神さまに移行することは、むしろその瞬間において必要なエネルギーを最大限に受け取るための **「最善の選択」** と言えるのです。

そうした背景があるため、神さまを変えるのは裏切りではなく **「より適切なサポートを求める選択」** であり、それは私たちにとっても神さまにとってもポジティブな意味を持ちます。

ただ、神さまを変える際に覚えておいていただきたいのは、神さまを変えたあとも、**以前の神さまとのご縁を断ち切るわけではないので、その存在に対して感謝し続けること**です。

「新たに祈りを託す神さまが現れても、これまでのご加護を忘れることはありません」という気持ちを持ち続けることで、以前の神さまからのパワーの流れが途切れることなく、さらに豊かに循環していきます。

このように、神さまを変える行為は、スピリチュアルな視点から見れば自然で理にかなった行動であり、何よりも重要なのは、変わらず感謝と誠実さを持ち続けることなのです。その一貫性が、皆さんの願いを実現へと導く力となるでしょう。

さて、ここまで願望を叶えてシアワセになるための神さま選びの基礎ができました。次の章では、いよいよ神さまとの調和をより深め、そして願いを叶えてシアワセを現実化するための実践的な方法をお伝えいたします。

この方法を実践するだけで、神さまとの繋がりがより強くなるため、願いがさらに叶いやすくなるでしょう。

第4章

日本の神さまへの祈り方・祝詞の唱え方

願いの成就が加速する、効果的な祈り方

神さま選びが問題なく終わりましたら、次は神さまに祈りを捧げ、そして神さまとの調和、つまり**神さまとの「お付き合い」の段階**に入ります。

神さまを選ぶことはとても大切ですが、前述しましたように「1回祈って終わり」だと、神さまからの強力なパワーを十分にいただくことはできません。むしろ選んでからの「祈りとお付き合い」が、願いを叶える重要な要素となります。

「祈っていても願いが叶わない」という方に多く見られるのは、**「祈りっぱなし」「お願いしっぱなし」になってしまっている**ということです。

願いを叶えてシアワセを現実化するのは、**私たちと神さまの「協働作業」**です。

私たちが祈りを捧げて神さまと良い付き合いをすると、それによって神さま自身

のパワーもアップします。そして、より強まったパワーが私たちに授けられ、さらに神さまのパワーがますます強くなって……という好循環がカギを握ります。

つまり、選んだ神さまに祈りを捧げ、そして良いお付き合いを深めていくことで、願いはより叶いやすくなるのです。祈りや良いお付き合いが深まれば深まるほど、神さまの強いエネルギーを受け取りやすくなり、願いを叶える道が自然と開かれていきます。

この章では、願いを叶えるために重要となる**「祈り」**の基本、そして古来、受け継がれてきた**「祝詞《のりと》」**のチカラについて詳しくお伝えします。

また、日常生活の中でどのように神さまと調和し続けるべきか、その意味と具体的な方法についても触れていきます。

日本の神さまは、私たちの願いを静かに見守り、適切な導きを与えてくださる存在です。しかし、**祈り方次第でそのチカラを最大限に引き出すことができる**のをご存じでしょうか？　ここでは、神道の伝統に基づく祈りの方法から、日常生活の中で実践できる効果的な祈り方までを紹介します。これらを実践することで、願いの成就が加速し、神さまとの繋がりが深まっていくことでしょう。

✽二拝二拍手一拝の基本作法を守る

神社参拝や神棚への祈りで欠かせない**「二拝二拍手一拝」**という基本作法には、神さまと私たちの間にある**波動の好循環を生むチカラ**があります。

ただの形式と思われがちなこの作法ですが、実は神さまと繋がって調和を作り、感謝や願いを届けるための重要なステップなのです。神さまとの繋がりや調和を大きく促進する、「スピリチュアルの実践」という意味も持ちます。

まず、「二拝二拍手一拝」の意味をひとつずつ説明いたします。

①二拝：神さまへの謙虚な敬意

まずは「二拝」です。

「二拝」は、神さまへの最大限の敬意を表す行為です。

深く二回お辞儀をすることで、神さまへの敬意を表すことになります。

この行為には、私たち自身のあり方を謙虚に整えて、神さまに向かう準備をする意味が込められています。

この「二拝」による敬意は、非常に大切です。敬意を抱くということは、神さまの存在を信じ、そしてその神さまが**「ありがたい存在」なのだという想い**をあなたが持っていることを表しています。

逆に言うと、こうした敬意を抱かない状態での祈りは、神さまを自分の願いを叶えるための「道具」や「手段」に貶《おとし》めていることになります。

このような姿勢は、あなたが願いを叶えてシアワセを現実化するためにも、最も避けるべきものです。

私たちの願い事を受け止めて、実現するように導きとパワーを与えてくださる神さまに対して、最大限の誠意を示す必要があります。それが「二拝」の意味です。

また、深くお辞儀をすることは、自分のエゴを一時的に手放し、純粋な気持ちで神さまに向き合う準備を整える意味も持っています。

つまり、**深く二回お辞儀をすることで、神さまへの敬意を表しますが、この行為は神さまに対してだけ意味があるのではなく、私たち自身のあり方を謙虚にして、神さまに向かう準備を整える効果もあるのです。**

このようにして、「二拝」はまず**「神さまへの感謝」**、次に**「自分自身の心の清らかさ」**を顕在化してくれます。「二拝」のうちの最初の一拝で神さまに感謝を伝え、次の二拝目で神聖な場と神さまに自分を委ねる姿勢を示しましょう。

「二拝」によって神さまのパワーと私たちの波動の状態が整い、そして私たちが謙虚な姿勢になることで、さらに波動が高まります。こうして、神さまのパワーが私たちの内側にスムーズに流れ込みやすくなるのです。

②二拍手：エネルギーの振動を生み出す

「二拍手」は、空間に響く音と振動によって私たち自身の波動を活性化させ、浄化する行為です。

「二拍手」は、**私たちの祈りを神さまに届ける合図**であり、**空間を清め、調和のエ**

ネルギーを生み出す重要な行為です。音や振動には強力なエネルギーが宿り、それが空間や私たちの波動に大きな影響を与えます。

この「二拍手」のエネルギーの性質を、スピリチュアルと量子力学の観点から説明していきましょう。

拍手の音と振動のスピリチュアルな意味は、拍手を打つ音が空間に響くことで場を清め、さらに私たちはその清められた神聖な場のエネルギーと調和する、というものです。

手を合わせる行為そのものが「神さまと人間の調和」を象徴し、拍手の音は神さまへの祈りを届けるための媒体となるのです。

また、「二拍」は量子力学的な観点からも大きな意味を持っています。

拍手の音は、単なる物理的な現象ではありません。**波動として空間に広がるエネ**

ルギーそのものです。量子力学の考え方では、この音と振動は「波」としてあらゆる物質やエネルギーに影響を与える効果を持っています。

音は振動ですが、この振動は素粒子（物質を構成する最小単位）を揺らしながら広がり、空間全体にエネルギーの「波」を生じさせます。この波動が空間のエネルギーフィールド（全ての可能性が現実となる領域）を整え、場を浄化する役割を果たします。

量子力学では、すべての物質とエネルギーは「量子場」という目に見えない場で繋がっているとされています。拍手の振動がこの量子場に影響を与えることで、私たちの意識や願いが広がり、神さまのエネルギーと共鳴しやすくなるのです。

次に、共鳴の効果について説明しましょう。

神さまの性質によって生じる、神さま自身の高次の波動に対して、**私たちの拍手の音と振動が共鳴すると、祈りや感謝が神さまに届きやすくなります。**

この共鳴は、量子力学でいう「量子もつれ」と同じような現象を作り出します。

「量子もつれ」を簡単に説明しますと、遠く離れた2つの粒子に関して、一方に変化を与えると、もう一方の粒子に対しても同じような影響を与えるというものです。

この量子の世界の法則が、拍手の音を通じて、神さまの性質から生じている波動と私たちが持つ波動がシンクロするように働きかけるのです。

③二拝二拍手の後に捧げる祈りについて

二拝二拍手を終えた後に祈りを捧げる場面では、祈り方そのものが神さまとの繋がりを深める重要な要素となります。

この祈りは、神さまとの対話がもっとも純粋で神聖なものになる瞬間です。

ここでは、祈り方がより効果的になるように流れや心構えを詳しくお伝えします。

まず手順についてですが、神社に参拝される際は、作法（鳥居の前で会釈する、手水舎の水で清めるなど）を必ず守るようにしましょう。

というのも、**作法を守ること自体が、「ケガレ（氣枯）」から「ハレ」の状態に変**

わるためのスピリチュアルな実践という意味を持つからです。

お祈りする前には、**氏名と住所**を名乗ってください。祈りを捧げる際に何より大切な作法は、**自分の心を静めること**です。

二拝によってエゴを手放し、謙虚な姿勢で神さまに向き合った後のこの瞬間は、心を落ち着け、感謝や願いを純粋に神さまに伝える絶好の機会です。一度深呼吸をして、自分自身を整えたうえで祈りに入ると、神さまとのエネルギーを介しての繋がりがよりスムーズになるでしょう。

祈りにおいて、最も大切なのは「感謝」です。

感謝はあらゆる感情や気持ちの中でも最も波動が高く、しかも神さまと調和する波動を持っています。ですから、感謝の念を抱きつつ祈るようにしましょう。

何に感謝していいか分からないときは、日々の生活で受け取っている恩恵を思い出すといいでしょう。「健康でいられることに感謝します」「見守っていただいて、ありがとうございます」と心から伝えることで、神さまとの調和がさらに深まります。

具体的な願いを伝える際には、「〜となりますように、導きをお与えください」と未来に向けた希望の形で簡潔に伝えましょう。さらに、その後に「〜が成就しますことに、心より感謝いたします」と付け加えてください。

つまり、願いがすでに叶ったことを確信し、その感謝を表現するのです。

願望が叶うという「確信」を持つことは、意外に難しいものです。心のどこかで「本当に叶うのだろうか」と疑念が湧いてしまうことは当然のことだからです。

しかし忘れてはならないのは、私たちが神さまの分霊を宿している存在であり、**本来、願望を実現する能力をこの世に生を受けた段階から持っている**ということです。そのため、たとえ半信半疑であっても「確信」を言葉にすることで、言葉そのものが言霊となり、それが波動として現実に作用していきます。その結果、願望の成就やシアワセの現実化が訪れるのです。

願望が叶う、シアワセが現実化することに対して、いまひとつ確信が持てなくても大丈夫です。感謝と確信（一〇〇パーセントでなくても）を込めた祈りをしましょう。その祈りは言霊となり、神さまの分霊である私たちの能力を最大化し、さらに願望成就とシアワセの現実化に向けた神さまとの調和へと導いてくれます。

④一拝：神さまとの繋がりの完成

「二拝二拍手一拝」の最後に行う一拝にも、単なる形式以上の深い意味が込められています。この一拝は、祈りの一連の流れを締めくくるだけでなく、神さまと私たちの繋がりを完成させる重要なステップなのです。

ここでは、一拝に込められた意味と、それを行うときの心構えについて詳しく解説します。

一拝は、祈りの一連の流れを締めくくると同時に、神さまと私たちの間に築かれた繋がりを完成させる重要な役割を持っています。

この動作を通じて、**祈りや感謝のエネルギーを神さまに最終的に届けるだけでな**

く、神聖な場を後にする際の神さまに対する敬意も表しています。

一拝は、神さまへの感謝をもう一度丁寧に伝える行為であり、「ありがとうございました」という謙虚な心を込めることで、祈りの波動が神さまの高次元な霊性との間で収束します。

また、一拝は祈りを形として締めくくるだけでなく、私たち自身の心と波動を整えるための行為でもあります。

神さまに向き合う間に高まった私たちの波動が、最後の一拝によって静かに落ち着きを取り戻し、私たちの内側にスムーズに循環していくのです。この一拝が**祈りを完全なものへと導き、神さまとの繋がりを生んで、調和がより一層深まる機会を用意してくれる**のです。

このように、一拝はただのお辞儀ではありません。

祈り全体を通じて神さまに敬意と感謝を最大限に表現する、たいへん意味深い行為であることをご理解いただけましたでしょうか。

まとめますと、最後の一拝は、「祈りを締めくくる」以上に、神さまとの繋がりと調和を完成させ、感謝の意識を最も純粋な形で表す重要な行為です。

この一拝を丁寧に行うことで、祈りの場がより神聖化されて、皆さんの波動もさらに整います。

神社でも神棚でも、心を込めてこの最後の一拝を行うことで、神さまとの繋がりと調和が深まり、願いが現実に向かう道が自然と開かれていくことでしょう。

ぜひこの一拝を大切にして、祈りの時間を豊かなものにしてください。

✽神棚がない自宅での「二拝二拍手一拝」のやり方

昔の地方の家には、神棚があるのが一般的でした。しかし現代では神棚がある家のほうが、珍しいのではないでしょうか。

自宅で神棚がないと、神さまにお祈りできないのかと言うとそうではありません。

神棚がなくても、神さまにきちんと祈りを捧げて、繋がることができます。

大切なのは、神棚のあるなしではなく、神さまへの感謝と敬意を込める心です。

その心と祈る際に意識すべきことを踏まえて祈れば、十分に効果が望めます。

それでは、その手順と注意点についてお伝えしましょう。


まずは、心と空間を整えることから始めます。

深呼吸をして心を落ち着け、環境（場所）をできるだけきれいに、静かに整えましょう。祈るという行為は神聖なものなので、その祈りを捧げる場所が散らかっていたり、汚れていたりしていては、その祈りは十分な効果を発揮できません。

また、可能であれば窓を開けて、新鮮な空気を取り入れましょう。そうすれば、自然界の中にある神さまのパワーの流れが、より多く入ってきます。


次に、**お札があればお札の前に立って祈ります。**

お札がない場合は、太陽が昇る東の方角、もしくは太陽の光が当たっている南の方角に向いて祈ります。夜の場合は東を向いて祈ってください。

心の中で神さまをイメージし、そのパワーを感じましょう。

しかし、いざ「神さまをイメージし、そのパワーを感じる……」といわれても、日本の神さまの姿は多様なので具体的にイメージしにくい人もいるでしょう。イメージができないと、神さまのパワーを感じることも難しくなってしまいます。

そんな場合は、「大いなる存在」や「大自然のエネルギー」といった抽象的なイメージでも大丈夫です。

ただし、**祈りの最初には、祈りを捧げる神さまの名前を必ず呼ぶ**ようにしてください。そのあとのお祈りのやり方は、前述した「二拝二拍手一拝」と同じです。

✽日常の中で神さまへの祈りを捧げるときのポイント

日本の神さまへの祈りを日常生活の中に取り入れると、神さまとより豊かな調和を築くことができます。

祈りを何か「特別な行為」にするのではなく、朝起きたときや通勤の途中、食事の前、寝る前など、日々の暮らしのささやかな瞬間に感謝や祈りの言葉を心でつぶやくことで、感謝の波動を神さまに届けることができるのです。

祈りのタイミングとしては、朝と夜がおススメです。**朝は新しい一日への感謝を、夜はその日を無事に過ごせたことへの感謝を込めて祈る**ことで、心が整い、安らぎが得られます。

忙しくてどうしても時間が取れない場合は、朝の祈りだけでも行うようにしましょう。朝の祈りには、一日の流れをより良くしてくれる効果があるからです。

また、祈りの最初と最後は感謝の言葉になりますが、神さまからの導きを求める気持ちと、叶えたい願望が成就することに対する感謝を伝えるようにしましょう。

最も大切なことは、**祈りを「毎日の習慣」として続ける**ことです。特別な道具や空間がなくても、心を込めて祈ることで神さまとの繋がりが深まり、願望成就やシアワセの実現に向けた調和の好循環が生まれていきます。

祝詞は、神さまとの調和を強くしてくれる

祝詞は、日本の神さまと心を通わせ、調和を深めるための重要な言葉です。

神社の神事や日常の祈りの中で唱えられる祝詞は、単なる言葉の羅列ではありません。古代から続く日本の神さまへの敬意と感謝、そして祓《はら》いのチカラを宿した神聖な言葉で、実際に大きな効果をもたらすチカラを秘めています。

祝詞を唱えることで、私たちの心は清められ、神さまとの調和が強化されます。

この項目では祝詞の意義やその効果について詳しく解説し、日常で活用できるポイントをお伝えしていきます。

✿そもそも祝詞とは何か？

祝詞は、神道における神さまへの祈りや感謝を言葉にしたものです。

その起源は非常に古く、『古事記』や『日本書紀』のような神代の時代の記録にも祝詞の存在が確認されています。祝詞には**その音や言葉、リズムや響きそのものに神聖なパワーが宿っている**と考えられています。

祝詞には「神さまと人間を繋ぐ架け橋となり、神さまとの調和を作るもの」という役割があります。そのため、古代の祭祀では神職によって祝詞が唱えられ、神さまに祈りを捧げたり、感謝を伝えたりする重要な手段として用いられてきました。

言霊の意味については先述しましたが、言葉そのものに霊的な力が宿るとされる**言霊のパワーが集約されたのが祝詞**です。祝詞はその言霊のチカラを最大限に活用したものであり、祝詞そのものが持つ神聖な性質は言葉を通じて神さまと調和を生み出す効果があります。

祝詞を唱えると、神さまと繋がり、神さまと調和して、私たち自身の波動を清め、願いを現実へと引き寄せる働きが生まれます。

つまり、願望成就において祝詞は非常に大きな役割を果たしてくれるのです。

祝詞には、特定の神社や神さま専用のものもあれば、一般的に広く用いられるものもあります。代表的な祝詞に、**「大祓詞《おおはらえのことば》」**があります。この祝詞は、心身を清め、日々の生活の中で知らず知らずのうちに生じた穢れを祓うために使われる重要な祝詞です。

祝詞の中の言葉や形式を理解するのは、かなり骨が折れます。

しかし、祝詞の活用は、神さまとの調和や日本人としてのスピリチュアリティを開花させるうえでは欠かせないものです。祝詞を自分で唱えると、日常生活の中でも神さまと調和する瞬間を作り出せます。その瞬間、自分自身を神さまからの神聖な波動で満たすことができ、心身の浄化や願いの実現に繋がっていくのです。

祝詞は、言葉や形式をただ機械的に覚えるのではなく、その背景にある**「感謝」「謙虚さ」「調和」の精神**を感じながら唱えることが大切です。祝詞を日常に取り入れることで、私たちの生活がより豊かで平穏なものになるのは間違いありません。

✿祝詞の持つ浄化のパワー

祝詞の一つひとつの言葉には、その響きと意味に深い霊的なチカラが宿っています。そのチカラの中でも特に注目すべきは、祝詞が持つ**「浄化のパワー」**、つまり**「祓い」**です。このパワーは、場や心を清め、私たちの日常生活で知らず知らずのうちに溜まった**「ケガレ（穢れ・氣枯れ）」を祓う働き**を持っています。

祝詞の中に使われる言葉は、古代から**日本語の中でも特に高い波動を持つ言葉**が選び抜かれています。それらの言葉を発することで、音の波動が空間に響き渡り、私たちを取り巻くエネルギーや波動を浄化していきます。

つまり、言霊が持つパワーが最大化されるのが祝詞なのです。

この祝詞の言葉や響きには、神さまのパワーと調和する特別な波動が含まれています。その特別な波動が「ケガレ」を祓い、心身を軽やかにする効果をもたらすのです。

そのため、祝詞を唱えることで、私たちの内面に蓄積されたストレスやネガティブな感情、さらには周囲からの影響によるネガティブなエネルギーまでも祓い清めることができるのです。

✿日常生活でも大切な祓い（浄化）の効果

私たちは日々の暮らしの中で、仕事や人間関係、メディアやSNSからの膨大な情報等によって、知らず知らずのうちに心や体に「ケガレ」を溜めています。

この「ケガレ」のネガティブな影響は非常に大きいのです。放置しておくと心身のバランスを崩すだけでなく、願望成就やシアワセの現実化へ向けた歩みが滞る、あるいは本来の道から逸れてしまうといった重大な問題が生じます。

だからこそ、祝詞を唱えることで、「ケガレ」を祓い清めて私たちの波動を再生させることが大切なのです。

「ケガレ」を祓うことは、私たちが本来持っている神さまの分霊たる自分自身を取り戻すうえでの大切なプロセスです。

「ケガレ」とは、単に悪いことや汚れを指すのではありません。私たちが神さまとの繋がりや内なる調和を失い、私たちの波動や生体エネルギーの循環が滞った状態を指します。

その結果、私たちが本来持っている願いを叶えてシアワセを現実化するための創造性やモチベーション、そしてインスピレーションを失っていくのです。

すると、いくら神さまが私たちを導こうとしても、私たちがその導きを受け取ることができないため、物事が思うように進まなくなるのは当然と言えるでしょう。

「祓い」という浄化の行為がなぜ必要なのか、お分かりいただけたかと思います。

「ケガレ」を祓うことで、私たちの内側に宿る私たち自身、そして神さまと「ワンネス」である私たちの本質が再び活性化し、神さまの分霊としての本来の自分を取り戻すことができるのです。

「ケガレ」を浄化した（祓った）後には、気持ちが軽くなって内側から湧き上がる静けさや清らかさを感じられるでしょう。それは神さまの分霊としての本来の輝きが蘇り、私たち自身が神さまや宇宙、そして自然と一体であることを再認識する瞬間でもあるのです。

この状態に立ち戻ることで、私たちは神さまとの調和を深めていくだけでなく、神さまからの導きやパワーを存分に受け取ることができます。さらに私たちが持っている、願いを叶えてシアワセを現実化するために必要な能力が最大化していくのです。

自分の内なる神さまと調和し、その輝きを守るためにも、祝詞を用いて「ケガレ」を祓い（浄化し）、**クリーンな波動を保つ**ことを習慣にすることは、全ての願いを叶える大切なプロセスと言えます。

全てを叶えるために知っておきたい「祝詞」

祝詞の持つパワーと効果については、ご理解いただけたことでしょう。

実はひと言で祝詞といっても、数多くの種類が存在しています。

できれば全ての祝詞をご紹介したいところなのですが、特に浄化と願望成就の効果に優れていて、日常で唱えやすい祝詞に焦点を当て、5つの祝詞を厳選しました。**「祓詞《はらえことば》」「神棚拝詞《かみだなはいし》」「神社拝詞《じんじやはいし》」「略拝詞《りやくはいし》」「六根清浄大祓《ろっこんしょうじょうおおはらえ》」**の5つの祝詞について、分かりやすく紹介していきます。

それぞれの祝詞の持つ意味や活用方法を理解しておくと、日々の生活に取り入れやすくなります。そうすれば神さまと調和し、願いを叶えてシアワセが現実化する可能性が大いに高まることでしょう。

祓詞《はらえことば》

清らかな心と体に戻る

祓詞は、私たちの心や体、そして場に溜まった穢れを清め、清らかな状態に戻すための祝詞です。

この祝詞の言葉には、私たちが日々の生活で知らず知らずのうちに受けたネガティブなエネルギーを祓い、**本来の純粋な心を取り戻すチカラ**が宿っています。

祓詞を唱えることで、神さまと調和し、新たなスタートを切るための準備が整います。

言葉は祝詞の中では比較的易しくてシンプルですが、浄化と癒しの力を秘めた神聖な祝詞なのです。

祓詞 本文

掛《か》けまくも畏《かしこ》き　伊邪那岐大神《いざなぎのおおかみ》
筑紫《つくし》の日向《ひむか》の橘《たちばな》の小戸《おど》の阿波岐原《あわぎはら》に
禊ぎ《みそぎ》祓《はら》へ給《たま》ひし時に　生《な》り坐《ま》せる祓戸《はらえど》の大神等《おおかみたち》
諸々《もろもろ》の禍事《まがごと》　罪《つみ》　穢《けがれ》　有《あ》らむをば
祓《はら》へ給《たま》ひ清《きよ》め給《たま》へと　白《まを》すことのよしを聞こし召せと
恐《かしこ》み恐《かしこ》み白《まを》す

祓詞の大意としては、まず日本の神々の存在とその力に敬意を示し、私たちが知らず知らずのうちに犯した罪や、身にまとった穢れを祓い去るようお願いする内容になっています。

具体的には、風や水、海など、自然の力によって清められることを祈り、最終的には神さまの前に立つにふさわしい清らかな状態に戻れるよう願う構成です。

祓詞の大意を簡潔に言えば、**「清らかな心と状態を取り戻し、神々の祝福と守護**

を得られるように祈る言葉」となります。

祓詞の効果は、単に穢れを取り除く浄化だけにとどまりません。

私たちが祓詞を実際に言葉として口に出すことで、神さまとより深く調和する準備が整い、願いを神さまにスムーズに届ける状態を作り出します。

また、祓詞を唱える行為そのものが、心を落ち着かせ、自分の内面と向き合う時間を与えてくれます。

祓詞は、日常使いに最も適した祝詞と言えるでしょう。

日常のふとした場面で唱えることで、穢れを祓い、心を整えるだけでなく、神さまとの調和を維持し、私たちの波動を清らかにして、さらに高めてくれるという効果があります。

こうした効果を持つのが祓詞ですので、日常生活でストレスを感じる場面や、困りごとが生じたとき、そして気持ちが乱れたとき、自分自身や空間の浄化をしたいと感じたときに活用するといいでしょう。

祓詞を唱えると気持ちも落ち着きますし、前述したように、その都度私たちの波動が整います。

日々の暮らしの中で、自分の心を込めて祓詞を唱えるだけで、神さまと調和する状態が生まれていくのです。

神棚拝詞《かみだなはいし》

家の中で唱えよう

神棚拝詞は、神棚、お札に向かって日々の感謝を伝え、神さまとの調和を深めるために唱える祝詞です。神社ではなく、家庭内で唱える祝詞です。

その言葉の中には、私たちが日常の中で受け取っている神さまの恵みや守護への感謝の気持ちが込められています。

つまり、この祝詞を唱えるだけで**神さまに対する感謝の気持ち**を伝えることができるのです。

神棚拝詞 本文

此《これ》の神床《かむどこ》に坐《ま》します
掛《か》けまくも畏《かしこ》き天照《あまてらす》 大御《おおみ》神《かみ》
産土《うぶすなの》 大神等《おおかみたち》の大前《おおまえ》を拝み奉《たてまつ》りて恐《かしこ》み恐《かしこ》みも白《まお》さく
大神等《おおかみたち》の広き厚き御恵《みめぐみ》を辱《かたじけな》み奉《たてまつ》り
高き尊《とうと》き神教《みおしえ》の随《まにまに》に直《なお》き正しき真心《まごころ》 以《もち》て誠《まこと》の道に違《たが》う事なく
負《お》い持つ業《わざ》に励《はげ》まし給《たま》い
家門《いえかど》高く身健《みすこ》やかに世のため人のために尽くさしめ給えと恐《かしこ》み恐《かしこ》みも白《まを》す

神棚拝詞の大意は、**「神さまへの尊敬と感謝を示し、私たちがその恩恵をいただいていることを認識して、その加護と導きを求めること」**です。

「今日も無事に過ごせますように」「家族や仕事が守られますように」といった日常の願いだけでなく、叶えたい願いや実現したいシアワセに対する願いを込めながら唱えることで、祈りが神さまに届きやすくなります。

神棚拝詞を日々の習慣にすると、生活全体に安定感と神さまとの調和がもたらされます。この短い祝詞には、シンプルでありながら深い意味が込められており、神さまとの調和を日常的に実感させてくれる力があるのです。

神棚拝詞は、日常生活の中で神棚やお札に祈りを捧げる際に用いるのが最も適しています。もしも神棚やお札がないという場合は、太陽の方角、つまり東か太陽の光が照っている南の方角を向いて唱えてください。

唱えるタイミングは、一日の始まりがおススメです。

朝起きて神棚やお札、もしくは太陽に向かい、神棚拝詞を唱えることで、その日一日の無事や神さまへの導きを受け取ることができるようになります。これにより、神さまとの深い調和が生まれ、私たちの分霊も非常にいい状態で活性化することとなり、心身ともに本来の健全な状態で一日をスタートすることができます。

そして、時間的な余裕がある場合は一日の終わりにも唱えると効果的です。神さまに一日を無事に過ごせたことへの感謝の気持ちを伝えることで、一日の「ケガレ」が浄化され、再び本来の自分自身へと戻ることができるのです。

このように、**朝と夜の祈りの時間に神棚拝詞を取り入れる**ことで、神さまとの調和が深まり、願望成就のスピードが加速されていくのです。

神社拝詞《じんじゃはいし》

神社に参拝したときに

神社拝詞は、神社で参拝する際に神さまへ敬意と感謝を表し、願いをお伝えするための短い祝詞です。

この拝詞は、神さまに「ありがとうございます」という感謝の気持ちを伝え、加護や導きをお願いするものです。特に難しい形式や長い文章は必要なく、心を込めて唱えることで、神さまと調和し、そのパワーを受け取る準備を整えます。

神社拝詞 全文

掛《か》けまくも畏《かしこ》き
〇〇神社（参拝する神社名）の大前《おおまえ》を拝み奉《たてまつ》りて

恐《かしこ》み恐《かしこ》みも白《もう》さく
大神等《おおかみたち》の広き厚き御恵《みめぐみ》を
辱《かたじけな》み奉《たてまつ》り
高き尊《とうと》き神教《みおしえ》のまにまに
天皇《すめらみこと》を仰《あお》ぎ奉《たてまつ》り
直《なお》き正しき真心《まごころ》をもちて
誠《まこと》の道に違《たが》ふことなく
負《お》ひ持つ業《わざ》に励《はげ》ましめ給《たま》ひ
家門《いえかど》高く身健《みすこやか》に
世のため人のために
尽《つく》さしめ給《たま》へと
恐《かしこ》み恐《かしこ》み白《まお》す

神社拝詞の大意は、神さまへの敬意と感謝を表し、その御神徳を讃えながら、加護や導きを祈願することにあります。

この祝詞は、参拝者が神さまの存在に感謝し、日々の生活で得られる平和や繁栄への感謝を伝える言葉として唱えられます。同時に、願いを叶えるための調和や導きをお願いする、神さまと心を通わせるための重要な手段でもあります。

神社拝詞は慣れてくると非常にシンプルで覚えやすい言葉で構成されており、特別な知識や準備がなくても唱えることができるのが特徴です。

そのため、初めての神社を訪れる人や、日常生活の中で神さまと繋がりたいと願う人にとっても使いやすい祝詞です。

大切なのは、**言葉を丁寧に紡ぎながら、心の中にある感謝や願いを真摯に神さまに伝えること**です。

この拝詞を通じて、私たちは神さまの加護と導き、そして神さま自身との調和を受けるとともに、自分自身の内面を整え、穏やかで感謝に満ちた心を保つことができます。

神社拝詞は、参拝のための単なる形式的な言葉ではなく、神さまと自分との調和を深めるための手立てであり、祈りそのものが日々の心を豊かにする役割を果たしているのです。

略拝詞《りゃくはいし》

短くてシンプルな祈り

略拝詞は、神さまに対して敬意と感謝を伝えるための簡略化された祝詞で、特に忙しい日常の中で簡潔に祈りを捧げたいときに適した形です。

神社を参拝した際にも唱えることができるので、大変便利な祝詞です。

この祝詞は全体が短いながらも、神さまへの深い感謝と敬意が込められているため、**日々の短い時間の中での祈りや神社での参拝時に活用する**といいでしょう。

略拝詞 本文

祓《はら》え給《たま》い

清《きよ》め給《たま》え

神《かむ》ながら
守り給《たま》い
幸《さきわ》え給《たま》え

※3回、復唱しましょう

略拝詞の魅力は、そのシンプルさと使いやすさです。言葉が短い分、覚えやすく、どんな場面でも気軽に唱えられるので、日常生活に無理なく取り入れられるのが特徴です。

特に慌ただしくなりがちな朝や夜、仕事や家事などで何かを始める前のひとときなど、わずかな時間で神さまと調和したいときに効果を発揮します。

そうした意味で、略拝詞は祓詞と同様に「日常使い」が最も適していると言えるでしょう。

神棚やお札等を拝む際に、十分な時間がとれないとき、また日常生活の中で気持ちが揺さぶられたり、ストレスを感じたり、あるいは困りごとに直面したりしたときに効果を発揮します。

この祝詞を唱えると、神さまとの調和が生まれ、心が整えられるだけでなく、**自分自身が清らかで穏やかなエネルギーに包まれる**のを感じることでしょう。

略拝詞は、短い言葉の中に日本人のスピリチュアリティが凝縮されており、日常の短い時間の中で神さまの存在を意識し調和するための素晴らしい方法と言えます。

六根清浄大祓《ろっこんしょうじょうおおはらえ》

五感と思考を
清める

六根清浄大祓は、神道における祓いの祝詞のひとつで、私たちが日々使う「六根（目・耳・鼻・口・身・心）」を清め、調和のとれた状態に戻すことを目的としています。

六根とは、外界を認識し、感じるための**感覚器官**や**心の働き**を指し、それらが穢れや乱れから解放されることで、清らかな心と体を取り戻すという意図が込められています。

六根清浄大祓　全文

天照《あまてらします》皇《すめ》太神《おおがみ》の宣《のたま》はく

人は則《すなわ》ち天下《あめがした》の神物《みたまもの》なり
須《すべか》らく掌静謐心《しづまることをつかさどるこころ》は　則《すなわち》　神明の本主《かみとかみともとのあるじ》たり
心神《わがたましい》を傷《いた》ましむること莫《なか》れ　是《こ》の故《ゆえ》に
目に諸《もろもろ》の不浄《ふじょう》を見て　心に諸《もろもろ》の不浄《ふじょう》を見ず
耳に諸《もろもろ》の不浄《ふじょう》を聞きて　心に諸《もろもろ》の不浄《ふじょう》を聞かず
鼻に諸《もろもろ》の不浄《ふじょう》を嗅《か》ぎて　心に諸《もろもろ》の不浄《ふじょう》を嗅《か》がず
口に諸《もろもろ》の不浄《ふじょう》を言いて　心に諸《もろもろ》の不浄《ふじょう》を言わず
身《み》に諸《もろもろ》の不浄《ふじょう》を触《ふ》れて　心に諸《もろもろ》の不浄《ふじょう》を触《ふ》れず
意《こころ》に諸《もろもろ》の不浄《ふじょう》を思ひて　心に諸《もろもろ》の不浄を想はず
此《こ》の時に清《きよ》く潔《いさぎよ》き偈《こと》あり
諸《もろもろ》の法《のり》は影《かげ》と像《かたち》の如《ごと》し　清《きよ》く潔《きよ》ければ
仮《かり》にも穢《けが》るること無し　説《こと》を取らば得《う》べからず
皆《みな》花よりぞ木実《このみ》とは生《な》る　我《わ》が身《み》は則《すなわ》ち
六根清浄《ろっこんしょうじょう》なり

六根清《ろっこんしょうじょう》　浄なるが故《ゆえ》に五臓《ごぞう》の神君安寧《しんくんあんねい》なり
五臓《ごぞう》の神君安寧《しんくんあんねい》なるが故《ゆえ》に天地《てんち》の神と同根《どうこん》なり
天地《てんち》の神と同根《どうこん》なるが故《ゆえ》に万物《ばんぶつ》の霊《れい》と同体《どうたい》なり
万物《ばんぶつ》の霊《れい》と同体《どうたい》なるが故《ゆえ》に
為《な》す所《ところ》の願いとして成就《じょうじゅ》せずといふことなし
無上霊宝《むじょうれいほう》　神道加持《しんどうかじ》

とても長い祝詞なので、慣れないうちは読むのもひと苦労するかと思います。しかし、この祝詞は願望成就という観点でいうと非常に重要な意味を持っています。なぜなら、願望成就に至る方法がこの祝詞に全て集約されていると言っても過言ではないからです。

この祝詞は、**私たちが神の分霊を受け継ぐ存在であり、心と行いを清らかに保つことが願望成就へのカギである**ことを示しています。

具体的には、不浄なものに心を囚われず、六根（目、耳、鼻、口、身、心）を清め、心身の調和を取り戻すことで、天地自然や宇宙の大いなるエネルギーと一体化し、どんな願いも叶う状態を作り出せるとしています。

日々の暮らしの中で、複雑な人間関係や仕事、情報が多すぎる環境に身を置く中で、私たちは多くのストレスやネガティブな感情を抱きがちです。

この祝詞は、そうした**負の感情や思考を手放し、心を静めることの重要性**を示しています。例えば、不快なニュースや批判的な言葉に直面したとき、それを必要以上に心に留めないこと、冷静に受け流す力を養うことが、心の清らかさ、つまり自分自身の波動を良好にすることに繋がります。

次に、六根（五感と思考）を清らかに保つという教えは、現代の私たちが持つべき健康的な生活習慣にそのまま当てはめることができます。

過剰な視聴覚刺激（ＳＮＳやテレビ等）、騒音、過度な香りや不健康な食生活、ネガティブな言葉や思考を避けるように意識することで、心身が健やかになり、波動が整った穏やかな状態を保てるようになります。

具体的には、デジタルデトックスや自然の中での散歩、自分のためにひとり静かな時間を過ごすことなどが、六根清浄を実践する現代的な方法と言えるでしょう。

天地自然との調和を保つとは、**私たちが自然との繋がりを意識しながら生活すること**を意味します。

日常生活の中で、季節の移ろいや自然の美しさに目を向けることは、心を豊かにし、神さまや宇宙のパワーと共鳴してシンクロする基盤を築くことに繋がります。

例えば、朝の光を浴びて深呼吸をする、花や緑に触れる時間を持つだけでも、自然や神さま、そして宇宙のパワーを存分にいただくことができるのです。

何より最も大切なのは、神さまとの調和です。

この祝詞は内面的な調和を重視し、神さまの波動と一体化することが、本当に望む願いを叶える道であることを明確に示しています。

私たち自身の内面を整え、感謝や純粋な思いで日々を生きることで、願望成就に必要な自然と環境、人々との関係が良好になり、願望成就へ向けて物事が進んでいくのを感じられるでしょう。

実際の祝詞の唱え方

５つの祝詞をご紹介しましたが、独特な言い回しもあるため、慣れるのには時間を要するでしょう。

祝詞を唱え続けていると、自然に覚えてしまって文字を見なくても唱えられるようになりますが、それができるまでは、例えばノートやスマートフォンのメモ等に祝詞をひらがなで記して、それを読むという方法が一番シンプルでしょう。

祝詞を唱えているとき、何かを見てはいけないということはありません。また、たどたどしい読み方であっても、効果はきちんと出ますので安心してください。

神社や神棚、お札等に向かって祝詞を唱える場合、まず二拝してから祝詞を唱えます。そして祝詞を唱え終えたら二拝二拍手一拝を行います。

祈りの言葉を神さまに伝える場合は、二拍手の後に願いを神さまに伝え、そして一拝という流れになります。

つまり、**「二拝→祝詞→二拝→二拍手→祈りの言葉→一拝」**という順序になります。

神社に参拝した際の祝詞ですが、マナーという観点から考えると、他に誰もいない状況なら長い祝詞を唱えてもいいのですが、他にも参拝者がいる場合は、略拝詞を用いるのがいいでしょう。

拝殿から少し離れた場所で二拝し祝詞を唱えた後、拝殿の前に行き二拝二拍手一拝するという方法も有効です。

✽神社に参拝したときは「神社拝詞」

5つの祝詞をご紹介しましたが、どのタイミングで、どの祝詞を使えばいいのか、ということを整理してお伝えしましょう。

まず、神社に参拝した場合、あるいは家に神棚やお札がある場合、そしてお札等はないけれど神さまに対してしっかりとお祈りをしたいという場合は、「神棚拝詞」を用います。

そして神棚拝詞を用いたうえで、願い事を神さまに伝えましょう。

神社に参拝した場合は、「略拝詞」もしくは「祓詞」を用いてもいいのですが、重要な場面での参拝の場合は「神社拝詞」を用いてください。また「神社拝詞」は月に一度、定期的に神社に参拝して用いることもおススメです。

✤日常使いには「略拝詞」と「祓詞」

略拝詞や祓詞は、神さまに対して日々の感謝を伝えたり、心を整えたりするために用いる際に有効です。これらの祝詞は毎日の習慣的な礼拝や日常生活の中で気持ちが揺さぶられたとき、あるいは日常の中で祈りを通して神さまに何かを伝えたいときに役立ちます。

神棚やお札がある場合は、その前で略拝詞や祓詞を唱えるのですが、しかし普段使いとして祈りを捧げたいときは、神棚やお札が近くにない場合もあるでしょう。しかし、それでも全く問題ありません。

その場合は、東側または南側を向いて、まず祝詞を唱えた後に神さまへ感謝や願いを祈るとよいでしょう。

祝詞を唱えることで心身の「ケガレ」が祓われ、神さまとの調和が深まります。その状態で祈りを捧げると、神さまに気持ちが伝わりやすくなり、安心感や願いを叶えてシアワセを現実化するパワーを神さまから受け取ることができます。

略拝詞や祓詞は、特別な儀式を必要としないので、日常生活に取り入れやすいのが利点です。毎日唱えることを習慣にすることで、心を清め、神さまと調和した状態を保つことができるでしょう。願望成就や幸せに向けたパワーの流れが、より良いものへと整えられていくのです。

✿願望成就には「六根清浄大祓」

願望成就という観点で考えると、強力な効果を持つ「六根清浄大祓」はぜひ活用していただきたいところです。

六根清浄大祓は、私たちの心身を清め、神さまと調和を深めるために非常に効果的な祓詞です。この言葉を唱えることで、私たちの日常生活で知らず知らずのうちに溜まった「ケガレ」や負のエネルギーを払い、心をクリアにすることができます。その結果、神さまとの調和が強化され願望成就やシアワセの現実化に向けて全てが流れていくようになります。

唱えるタイミングですが、理想的には毎日です。

とはいえ、忙しい生活の中で毎日唱えるのは大変でしょう。そこで、週に1回、静かな時間を作って六根清浄大祓を唱えることをおススメします。

週に1回でも効果がある理由は、定期的に唱えることで「ケガレ」がその都度リセットされ、願望成就やシアワセの現実化のために必要な神さまとの調和が持続するからです。1週間というサイクルは、私たちの生活リズムになじんでいますので、このタイミングで心を清めることで、新たなスタートを切るためのパワーを神さまからいただくことができます。

週に1回でも六根清浄大祓を唱えることで、心が穏やかになって、ポジティブな波動が高まります。直感や判断力も鋭くなるので、願望成就やシアワセの現実化に向けた最適な行動が自然にとれるようになります。

さらに心身が浄化されて神さまとの調和が強化されるため、神さまからの導きやパワーを受け取りやすくなり、強力なサポートが得られるのです。

六根清浄大祓を唱える際は、できるだけ静かで落ち着いた環境を選び、余裕をもって時間をしっかり確保しましょう。

神さまと調和し、自分自身を浄化するこの時間が、皆さんの願望成就とシアワセをより確かなものにしてくれるでしょう。

もうひとつの共通の性質は、神さまが私たちに**「最適なプロセス」**を用意してくださることです。神さまは、私たちの願いを叶えるタイミングや方法を最も合理的かつ効果的に整えてくださいますが、そのプロセスは私たちの期待とは一見異なることもあります。しかし、実はそれがシアワセや願望成就を実現するための最短の道筋なのです。

このような神さまの性質や導きを理解し、共に願いを叶える姿勢を持つことで、私たちは最善の道を進むことができ、願いは自然と現実化へと向かっていくのです。

そこで、この最終章では神さまの導きをより深くするための瞑想法、そして神さまが持つ本質的な性質、願望成就やシアワセの現実化のプロセスにおいて何が起きるのか、ということについてお伝えしたいと思います。

✿神さまが本当に願っていること

神さまが願っていることは、単に私たちの願望が叶うことだけではありません。その願望成就も含めて、私たちが本当の意味で豊かでシアワセになることです。

神さまは現世、つまり**私たちが今生きている人生において豊かさとシアワセを実現することを非常に重視しています。**

そのため神さまは、私たちが神さまと調和して、良いお付き合いをすることで、神さま自身のパワーを私たちに最大限に受け取ってもらいたい、そしてそのパワーを最大限に活用してもらいたいと願っています。

そして、**神さまからのパワーを存分にいただく最良の方法が、これから紹介する瞑想なのです。**

これから、神さまとの繋がりを強くし調和するために、私が**神さまから直接教わった瞑想メソッド**をご紹介します。この瞑想メソッドは他の人の本で紹介されている瞑想とは異なる部分がありますが、その効果は本当に絶大です。

この瞑想法は、私たちの心と体、そして私たち自身の分霊を活性化させ、日常生活に神さまとの深い調和と充足感をもたらしてくれます。

さらに、これが大切なのですが、**単に神さまと調和するだけではなく、神さまから具体的なメッセージや気づきを得ることができるようになります。**

つまり、**私たちが神さまに対して質問をすると、その質問に対して神さまが直接答えを与えてくださる**のです。

なぜ、この瞑想によって神さまからのメッセージや気づきを得られるのでしょうか？　その理由は、私たちはそもそも神さまの分霊であり、本質的に私たちは神さまと繋がり調和する存在であるからです。

しかし、日常生活の目まぐるしい忙しさや雑念によって、神さまとの繋がりや調和が薄れてしまい、神さまからのメッセージや気づきを得るのが困難になります。

瞑想は、そうした雑念や心の乱れを落ち着かせ、**私たちの内側にある分霊と神さまとが再び共鳴するための時間**です。深い静けさの中で心が整うと、神さまと私たちの内側の分霊の共鳴が生じて、神さまからのメッセージや気づきが自然と心に届くようになるのです。

それでは早速、瞑想の具体的な手順を紹介していきます。

①準備と環境整備

1　まず、瞑想する場を清めましょう。
といっても大げさなものではなく、当たり前に整理整頓をして、その場が整っている状態を作ればOKです。祈りを捧げる場を整えることで、私たちと神さまとが繋がり調和する**「神聖な場」**を用意します。

2　神棚やお札がある場合は、その前に座るか、神棚に向かう心持ちで向き合います。ただし、これは必須ではありません。場所の制約もありますので、瞑想の場を神棚やお札の前にする必要はありません。
その際は、太陽が昇る東の方角や、太陽の光が当たる南の方角に向かってください。

3　可能であれば、空間を清めるために白いろうそくやお香を焚《た》くのも効果的です。

4　以上の準備ができたら、リラックスして瞑想を行う姿勢を取りましょう。

準備と環境整備の段階で「場を清める」ことが、日本の神さまと調和する瞑想の最も大きな特徴と言えるでしょう。**日本の神さまは場が不浄であることを嫌います。**その理由は、場が不浄だと私たちと神さまとの間でシンクロが成立しないからです。例えばせっかく神棚があっても、その足元が散らかっているようでは意味がないのです。

とはいえ、難しく考えなくて大丈夫です。**「神さまと調和する場だから、きれいにしよう」**という思いを抱いて、整理整頓していただければ問題ありません。

②神さまの存在そのものをイメージする

1　神社に祀られている像や絵画等によって、神さまが視覚化されている場合は、その神さまのイメージを思い浮かべます。

2　視覚化されていない神さまや視覚化そのものが苦手という場合は、「白く大きなエネルギー体」に全身が包まれている様子をイメージしてください。

③呼吸を整える

1　目を閉じ、ゆっくりと深呼吸を行います。
ただし、「深呼吸をしなければ」と力んで無理をする必要はありません。感覚としては呼吸に意識を向けて、いつもより丁寧に呼吸を行うといいでしょう。

2　息を吸うときに、視覚化された神さまから**「清浄なパワーが体に入る」**と意識し、吐くときに**「心の中の不要なものが流れ出る」**とイメージしましょう。

この呼吸を3～5回、繰り返します。

このときに大切なのは、単なるイメージではなく、そのイメージに何かしら**具体的な感覚**を伴うことです。息を吸うのと同時に温かい、あるいはポジティブなパワーが身体に入って全身に行き渡り、息を吐く際に心身のネガティブなものが流れ出る、という流れが感覚的に感じられるようにしましょう。


ここで大切なことは、単にイメージをすればよいのではなく、そこに「何かしら感じるものがある」という点です。というのも、感じることができないと神さまとのシンクロが成立しにくくなるからです。

最初は何も感じないかもしれませんが、慣れてくるとしっかりと感じられるようになります。あきらめずに、気長に続けてください。

④感謝の気持ちを伝える

1 祈りであれ瞑想であれ、神さまと向き合う際は**感謝で始まり感謝で終わり**ます。そのため、まずは感謝の言葉を伝えましょう。

2 感謝の言葉は、例えば「〇〇さま、いつも見守り、導いてくださりありがとうございます」というように、自分の言葉で感謝を表現してください。自分にとって一番フィットする言葉を用いるといいでしょう。

3 この感謝の念が、神さまとの「シンクロの橋」の役割を強化してくれますので、忘れずに行いましょう。

⑤願いを伝える

1 感謝の気持ちを伝えた後は、願いを伝えます。願いの伝え方は、まず神さまからの導きを願い、そして願いが叶うこと自体に対して感謝するという順番です。

2　この際、神さまに伝える願いの数に制限はありません。叶えたい願いを全て神さまに伝え、そして成就することに対して感謝しましょう。

⑥気づきやメッセージを受け取るための調和の時間を取る

1　感謝と願いを伝えたあとは、**神さまに対して疑問や質問を投げかけてください。**そして、投げかけた後は神さまとの調和を保つために、静かな呼吸を続けながら、同時に光に包まれている全身の感覚に意識を向けましょう。

2　身体を包んでいる光は、神さまから送られてくるパワーそのものです。心を落ち着かせ、身体感覚に意識を向け、全てが浄化され、自分自身の波動が整ってくるのを感じてください。

3　この調和は、神さまと皆さんとがひとつになっている状態です。つまり、このとき**皆さん自身が「神社」になり、神さまが皆さんの中に降臨されているの**です。そのまま、メッセージや気づきが降りてくるのを心穏やかにして待ちましょう。

メッセージや気づきを得るための調和の時間は、**最低でも5分程度は取る**ようにしてください。そしてその5分間の間、神さまとの調和を感じて味わってください。この5分間は、私たち自身がいわば神社となって、神さまの「依《よ》り代《しろ》」（神さまが出現するときの媒体）になっている状態です。

神さまが私たち自身のところに直接降りてこられて、シンクロするというとても貴重な時間なのです。この5分という時間を大切にしてください。

しかしながらこの5分間は、雑念がどんどん湧いてくる時間でもあります。でも安心してください。瞑想をする際に、「雑念が湧かない状態を目指す」必要は全くありません。むしろ、雑念は湧いてきて当たり前と思ってください。

というのも、私たちの脳は瞑想中も脳のいくつかの部位（感情の情報処理や高次の認知機能等）は活動し続けているため、雑念が生じるのは当たり前です。

他にも雑念を生じさせる脳の機能として、「デフォルトモードネットワーク（DMN）の活性化」等、いくつか存在します。そのため脳の機能上、雑念が浮かぶのはむしろ自然なことなのです。

大切なのは、**雑念が湧いてきても、そっと優しく呼吸に意識を向けて瞑想に戻る**ことです。

つまり、「上手くいっている瞑想」とは、雑念が湧かない瞑想ではなく、雑念に気づいても瞑想に戻ることを繰り返し行えている状態を指すのです。

⑦瞑想を終える

1　最後に「瞑想の機会をいただき、ありがとうございました」と心の中でお礼を伝えて、ゆっくりと目を開けていきます。

2　瞑想を終えたあとも、瞑想で感じた感覚をしばらくの間は味わってから日常生活に戻りましょう。

この瞑想に充てる時間は、理想としては30分です。

しかし、30分を確保するのはなかなか難しいでしょうから、全体で概ね10分程度でも十分な効果があります。


この瞑想は、神さまとの調和を深めるうえで非常に効果的です。

この瞑想を習慣として取り入れると、私たちは神さまの波動と共鳴しやすくなり、その結果、願望成就やシアワセへの道がよりスムーズに整えられていくのです。

神さまからのメッセージや気づきは、瞑想中にふと心に浮かぶことがあります。明確なメッセージとして現れる場合もあれば、安心感やひらめきの中の気づきとして現れることもあるでしょう。

また、瞑想が終わった直後や瞑想したあとの日常生活の中で、必要なメッセージや気づきが直感として得られるケースも珍しくありません。

いずれの方法でも、メッセージや気づきは必ず受け取れると考えてください。

最初は何も受け取れないかもしれませんが、続けていく中で豊かな、そして実に役立つメッセージや気づきを得られるようになっていきます。

瞑想を行う頻度は毎日が理想ですが、忙しい場合は週に1回でも大丈夫です。

たとえ週に1回でも、瞑想を習慣にすることで神さまとの調和がより深まり、願望が叶ってシアワセが現実化するために必要なメッセージや気づきを得られます。

この瞑想を通じた深い調和を通して、皆さんが望む全てを実現するために必要なメッセージを受け取っていきましょう！

素直に神さまに「助けて」と言ってみよう

私たちはときに困難や迷いに直面し、どうしていいかわからない瞬間を迎えることがあります。そんなときこそ、**祈りを通して素直に神さまに「助けてください」と言ってください。**

神さまは私たちを常に見守り、導こうとしてくださる存在です。

そのため、私たちが困っているときに、神さまに「助けてください」とお願いするのは、決して私たちの弱さや依存、ましてや「神頼み」ではありません。私たちが**神さまの愛と調和の中で生かされていることを認める、純粋な行為**なのです。

✿神さまには「助けない」という選択肢はない

私たちと神さまはワンネスの関係ですので、私たちが困難に直面することは、神さまにとっても関係のない出来事ではありません。

神さまの側から見ると、分霊である私たちが困っている状態は、ワンネスの一部が調和を失っている状態なのです。**ゆえに、神さまにとって「私たちを助けない」という選択肢は、そもそも初めから存在しません。**

むしろ、**神さまは私たちがそのことに気づき、助けを求めてくれることを待っておられる**のです。

✽「助けて」とお願いすることで生まれる好循環

神さまに「助けてください」と願うのは、単に救いを求める行為ではありません。神さまとの調和を深め、願いを叶える好循環を生み出す大切なステップです。

私たちは神さまの分霊を持ち、神さまとワンネスであるがゆえに、神さまは私たちの助けを求める願いに対して、間違いなく手を差し伸べてくださいます。

「助けてください」と願うことで、私たちは神さまの導きを素直に受け入れる準備が整います。すると、最善のタイミングで神さまからのメッセージや気づきを受け取ることができるのです。

神さまの導きによって状況が改善されると、自然と感謝の気持ちが湧いてきます。その感謝が神さまとの調和をさらに深めていき、願望成就とシアワセの現実化が一層早まっていくのです。

つまり、神さまに対して「助けてください」と願うことは、全てを叶えるための好循環を生み出すステップとなるのです。

✿神さまの前では、ネガティブでもＯＫ！

ここまで、神さまとの調和のためには感謝の気持ちが重要だとお伝えしてきました。確かに、感謝の気持ちは神さまとの調和を生むうえで最強の感情です。

しかし、気持ちや感情というものは、頭で考えるものではなく、自然に湧いてきて感じるものです。

困難な状況におかれたときは、どうしてもネガティブな感情がたくさん湧いてきがちです。感謝の気持ちが自然に湧くというのは、なかなか難しいでしょう。

それでは、**私たちがネガティブになっていると、神さまとの関係が壊れてしまうのでしょうか?**

結論から申し上げると、それはまずあり得ません!

確かに、私たちがネガティブなときは、神さまとの調和が一時的に崩れてしまうことはあるでしょう。その結果、神さまからのパワーや導きを私たちが受け取れなくなる状態が、どうしても起きてしまいます。

逆に言えば、私たちがネガティブになった結果、神さまとの調和が崩れるということは、神さまにとっても大きな問題、痛手になるのです。

神さまと私たちはワンネスの存在であるため、私たちがどんな状態であっても、神さまとの関係が根本的なところで変わることはありません。

だからこそ、神さまの前ではどんなときでも「ありのままの自分」でいることが大切です。

ネガティブな感情に包まれているからといって、それを無理に隠したり、良い状態のふりをしたりする必要はないのです。神さまの前で常にポジティブに振る舞う必要も当然ありません。

ネガティブを抑えつけて、無理にポジティブになろうとするのは、自分を偽ることになります。それは、神さまとの調和を崩してしまうのです。

神さまは、私たちのすべてを受け入れてくださる存在です。

喜びや感謝だけでなく、不安や悲しみ、怒りといったネガティブな感情も、私たちの一部です。そのため、ネガティブを超えていくことで、私たちは願いを叶えてシアワセを現実化します。

ネガティブな感情を抱えたまま、「今の私はこんな状態です」と素直に神さまに心を開くことで、私たちはより深く神さまと繋がることができるのです。

むしろ私たちがネガティブな状態にあるときこそ、神さまの導きはより力強く、的確に届けられるようになることを覚えておいてください。

なぜなら、私たちが迷いや悩みを抱えているとき、それを克服して、再び調和の中に戻るためのアプローチが、私たちだけでなく神さまの側にも必要になるからです。神さまにとって大事なこと、全てと言えることは、私たちと神さまが調和し、そして私たちがより良い方向へ進んでいくことです。

神さまは私たちをより良い方向に導くために、ネガティブな感情を通じて気づきを与えてくださり、そこから抜け出すための道筋を示してくださるのです。

重要なのは、ネガティブな感情を否定するのではなく、ネガティブな感情を持ったままでも神さまと繋がれることを理解することです。

私たちが神さまの分霊であり、神さまとはワンネスであることを思い出してください。「この状態の私でも、大丈夫なんだ」「こうした状況だからこそ、神さまのパワーはより強力に働くのだ」と理解することで、私たちは神さまからの導きやパワーを受け取りやすくなります。その瞬間から、状況は変化し始め、そして単なる困難の克服だけでなく、さらにより良い状態へと道が開けていくのです。

神さまと私たちのワンネスは、どんなときでも壊れることがありません。

どんな感情や状況の中にあっても、神さまは常にそばにいて、私たちを見守り、導いてくださいます。だからこそ、自分を飾らず、ありのままの状態で神さまと向き合うことが、最も自然で最も深い調和を生む方法なのです。

神さまの前では安心して、ありのままでいましょう。もしもネガティブな状態であれば、そのネガティブさをそのまま神さまに伝えればいいのです。

✿無理なポジティブ・シンキングは必要なし

正直に告白しますと、私も人間ですから当然ネガティブになることはあります。いくら私が心理カウンセラーだからと言っても、凹むときは凹みます（笑）。

毎日瞑想を30分やって、朝夕に神さまにお祈りをして、そして感謝日記をつけているのですが、ネガティブにハマってしまって感謝の言葉や気持ちが全く湧き起こらないことはよくあります。

そんなときは、**素直に神さまにその状況を伝えます。**

困っていることがあれば困っていると言いますし、悩んでいるときは悩んでいると言います。落ち込んでいるときは、落ち込んでいると正直に伝えているのです。


すると面白いことに、**神さまからいただく情報量が増える**のです。

つまり祈りや瞑想、あるいはそれ以外の普段の生活の中で、より多くのメッセージや気づきが得られるようになるのです。

そんなとき、私は神さまの導きを改めて実感します。神さまが私にパワーを送ってくださり、状況を改善しようとしてくださっていることを再認識します。

その瞬間、私の心には再び感謝の気持ちが芽生えてきます。そこから再び、好循環が始まるのです。

このような体験は、私だけのものではありません。スピリチュアル・カウンセラーとしての私のクライエントの方々も、数多く体験しています。

私はクライエントに対して、ポジティブ・シンキングを一切求めません。なぜなら、ネガティブな状況や感情はどうしても発生しますし、それを無理にポジティブに塗り替えるのは、自分を偽る不自然な行為だからです。そして何よりも、全てを知っておられる神さまの前では、強引なポジティブ・シンキングは無意味です。

むしろ、さっさと降参した方が事態ははるかに早く好転します（笑）。

行き詰まったら「私にはどうすることもできません！」と早々に認めてしまった方が、神さまが私たちに導きを与える余地が増えて、好転しやすくなるのです。

だから、ネガティブでも安心してください。

そして神さまに「助けてください」と言ってください。

そうすることで、状況は必ず好転します。

願望成就は、神さまとの「協働作業」

私たちが願いを抱き、その実現を神さまに祈るとき、そこからのプロセスは神さまに対する単なる「お願い」ではありません。

神さまと私たちが調和し共鳴し合い、**共に創り上げる「協働作業」**になります。

願望成就やシアワセの実現のプロセスは、私たちが単独で努力するものではありません。神さまと共に創り上げていく協働作業なのです。

したがって、私たちが願望成就に向けて行動を起こすとき、**「自分ひとりで頑張らなくてもいい」という大切なことを忘れないでください。**

願望成就は、私たちひとりだけの努力で成し遂げるものではありません。

ひとりのチカラだけで願望を成就させる、望むシアワセを現実化させるのは大変骨が折れますし、そもそも非効率であることを認識してください。

願望を実現したいときこそ、ひとりで頑張らない。あるいは、ひとりで無理に抱え込まないことが大切なのです。

ひとりで頑張りすぎると、私たちの波動はどうしても滞りがちです。

すると、神さまからのせっかくの導きやサポートに気づけない場合があるのです。

さらには、「自分の力で何とかしなければ」と考えることは、神さまと私たちの本質的な繋がり、つまり神さまと調和して「協働する」という関係性を拒んで、成り立たなくしてしまうのです。

✿頑張るのではなく、神さまに任せよう

神さまとの協働作業において、私たちに求められるのは努力や頑張りではありません。**神さまの導きを感じ取り、感謝を抱きながら行動することです。**そうすると、私たちの行動の中に神さまのパワーとサポートが自然と流れ込み、私たちの願いが現実に向かって動き始めていくことでしょう。

このように、願望成就を目指すときこそ、くれぐれも「ひとりで抱え込み、頑張る」のではなく、**自分ではどうすることも出来ないことは、あっさりと神さまに任せてしまった方が得策なのです。**

神さまからの「修正と介入」に気づこう

私がスピリチュアル・カウンセラーとしてクライエントの困りごとや問題に接しているとき、その困りごとや困難の原因は、実は不運でもネガティブでもないことがあります。

実は**困りごとや問題の正体は、神さまから私たちへの直接的かつ具体的な導きであり、つまり「修正と介入」が始まっている場合がほとんど**なのです。

私たちは人間であり、自由意思を持った存在です。この自由意思は、私たちが自分自身で選択し、人生を創造していくために与えられた尊い能力です。しかしその一方で、自由意思を持つがために、ときには迷いや不安の中で神さまからの導きを見失ってしまうことも珍しくありません。

そのため、私たちがその導きに気づけなかったり、異なる方向へ進んでしまったりした場合、**神さまは私たちが最善かつ正しい道に戻れるように「修正と介入」を行ってくださるのです。**

特に願望成就や私たちが望んでいるシアワセの方向からずれている場合、「修正と介入」は発生しやすくなります。

この「修正と介入」は、神さまが私たちの行動に直接的な影響を与え、間違った方向を軌道修正してくださる尊い働きです。

そのため、もしも皆さんが困難や問題に直面しているならば、それは不運でもネガティブな引き寄せでもなく、状況を好転させるための神さまからの「修正と介入」と解釈したほうがいいのです。

一見すると困難や障害に満ちた状況に見えるかもしれませんが、実は神さまの「修正と介入」によってもたらされた**「気づきと方向転換の機会」**なのです。

✿通常の導きが与えられないとき

神さまの「修正と介入」について解説する前に、まず神さまからの「修正と介入」がなぜ生じるのか、その理由からみていきましょう。

私たちが持つ自由意思による判断ミスや、何かしらの理由によって神さまとの調和が崩れ、神さまからの導きやメッセージ、気づきをうまく受け取れない状況では、私たちに対する神さまの通常の導きは機能しなくなります。

そうした場合、私たちが本来進むべき方向とは異なる方向に進んでいるため、神さまの側でも通常とは異なる方法で、私たちに導きを与える必要が生じます。

これが神さまからの「修正と介入」が生じる理由です。

よく起きがちなのが、日々の暮らしの目の前の多忙さに追われてしまって、気がついたら神さまとの調和が崩れて、必要なメッセージや気づきを受け取れないというケースです。

こうなると、神さまは私たちにコンタクトを取る手段がなくなってしまいます。だからと言って、神さまが私たちを見捨てたり、その状況を放置したりすることはあり得ません。そのため、いわば非常手段として「修正と介入」を使い、私たちを本来の方向に戻そうとされるのです。

✽修正は、停滞や障害として現れる

まずは、神さまからの「修正」について解説いたします。

修正とは、望ましくない方向に向かっている私たちに、気づきを与えるためのものなのです。

一見すると**物事が思うように進まなくなる、停滞する、あるいは障害が起きる**という形で現れます。修正が働く際、その影響の多くは私たちの環境に及びます。

例えば、スムーズに進んでいた商談が急に停滞してしまう、円満で何の問題もなかった職場の人間関係が突然ぎくしゃくしてしまう、などが典型例です。その結果、私たちは好ましくない状況に直面することになります。

一見すると「なぜ、良くないことが起きるのだろう?」と感じてしまう出来事なのですが、実はそうした出来事のほとんどは神さまからの修正のサインなのです。「このままでは理想の結果に繋がらない」ことを私たちに教えてくれて、進路を見直す時間と機会を与えるためのものなのです。


例えば、仕事で順調に進んでいたあるプロジェクトが停滞し、新しい方向性を模索しなければならなくなったとします。

そんなとき、今までのやり方に固執するのではなく、「今の環境や状況を通して、神さまが私に伝えようとしていることは何だろう?」と見つめ直してみるのです。すると、思いもよらなかった新たなアイデアやより良い選択肢が見えてくることがあります。これが神さまからの修正です。

また、学生時代から長く続いてきた人間関係が、突然ぎくしゃくし始めたとします。それは好ましくない人間関係を解消するタイミングであったり、その人間関係への関わり方を変えるタイミングだったりします。これも神さまからの修正です。

修正が与えられるその瞬間には、物事が停滞したり、私たちが不本意に感じる出来事が起きたりするためネガティブになりがちですが、それらの現象の背景には、**神さまの私たちに対する深い愛が隠されています。**

私たちの目線ではとても見えない、長期的な視点で「何が最善か」を考えるのが神さまなのです。

修正とは神さまが「いったん立ち止まる必要がある」と判断してくださっているのです。したがって、**この修正に対して感謝し、それが何を意味しているのかを考える姿勢**が大切になってきます。

✽介入によって、新しい道が見つかる

次に、神さまからの介入です。

神さまからの「介入」は、私たちが好ましくない方向に進んでいるとき、それ以上その道を進ませないための**「緊急ブレーキ」**だと考えると分かりやすいでしょう。

しかし、それは単にブレーキをかけるだけに留まりません。

同時に、**私たちが望ましい方向に進むための新しい環境や状況を用意してくださる、愛と配慮に満ちた働きかけ**なのです。

介入が起こるとき、私たちは「何かが突然止まる」状況に直面します。

そのような状況は一見すると、「失敗」や「不運」、「悪化」に思えることでしょう。しかし、その背後には、「このまま進んでも、良い結果には繋がらない」「その方向の先には、願望成就もシアワセも待っていない」という神さまの判断があります。そして、私たちに**「別の可能性」**を見せる目的で働きかけをしているのです。

視点を変えて説明すると、私たちが遭遇する「不運」や「どうして、こうなってしまったのだろう?」と困ってしまう出来事や障害のほとんどが、実は神さまから

の介入なのです。

神さまからの介入の具体的な例として、実際に私のクライアントが遭遇した出来事を紹介しましょう。

そのクライエントは職場での仕事も順調で、転職など全く考える必要はありませんでした。ただ、そのクライエントは年収アップを強く望んでいたものの、その具体的な方向性は全く見えていない状態でした。

それが突然、職場の環境が変化して、働き続けることが不可能ではないにせよ困難になってしまいました。その結果、意に添わない転職をすることになったのです。

こうした事態は、一見すると後退あるいは悪化のように感じられるものです。

実際、そのクライエントも「どうして自分が……」という思いを抱いていました。

しかし、とにかく職を見つけなければとクライエントは転職活動にはげみ、新しい職場で働くことになりました。

そのクライエントはもともと、財務とマーケティングが得意でした。

転職先の新しい職場はマーケティング戦略で行き詰まっていたため、そのクライエントは財務的な分析を踏まえつつマーケティング戦略を構築するという立場を与えられたのです。そして、その部署のリーダーに就任します。

その結果、クライエントがもともと望んでいた年収アップが実現したのです。


このように、神さまの介入は私たちを一時的に止めるだけでなく、**次に進むべき道を照らし、必要な環境を整える役割も果たしている**のです。

✿修正と介入は、神さまの愛の証

ここで強調したいのは、**「修正や介入は決して罰ではない!」**ということです。

実体はむしろ逆で、**「修正や介入」は神さまから私たちへの深い愛に基づいた導き**なのです。通常の導きができない場合に、神さまが届けてくださるメッセージや気づきの機会といえるでしょう。

思うように進まない状況に直面したときに、神さまからのメッセージを見出し、進むべき道を新たに描き直すことができれば、私たちの人生はより豊かで調和のとれたものへと変わっていきます。

神さまが私たちに与える「修正と介入」は、私たちが願望を叶え、シアワセを実現するための導きです。私たちが進むべき正しい道に気づかせてくれて、より良い方向へと導いてくれるのです。

一見、困難や障害としか思えない「修正や介入」の背後にある、神さまの愛と意図を理解する姿勢を持ってください。

神さまの意図や導きがどうしても理解できない場合は、**祈りを通して素直に神さまに「分かりません」と聞いてみましょう。**すると神さまは、間違いなくメッセージや気づきを与えてくださいます。

それによって皆さんの願望成就やシアワセの現実化が加速していくことは間違いありません。

もしも一時的に困難を感じたとしても、その背後には私たちの願望実現とシアワセを実現させるための神さまの深い意図が間違いなく存在していることを忘れないでください。

困難に直面したら、全てを叶え実現するための「修正と介入」なのだと受け止めるようにしましょう。やがて神さまの深い愛と意図に気づくときが来るでしょう。

神さまは「信じる」ことを求めていない

日本の神さまは、私たちに神さまを「信じること」を強制したり、それを願望成就やシアワセの条件にしたりすることは決してありません。

なぜなら、**日本の神さまの本質は私たちを愛し、見守り、導く存在であり、私たちが日本の神さまを信じているかどうかに関係なく、常に私たちの願望成就とシアワセのために働いてくださっている**からです。

その証拠といえるのが、神道の伝統です。

神道は、他の宗教のように「信者」をつくるための明確な「教義」を持っていません。神道で大切なのは、私たちが神さまとの調和を通じて日々の生活をより豊かにすることです。それは「信じる」という行為を超えて、「生き方そのもの」に根ざしています。
日本の神さまは、私たちに特定の信念や神さまへの信仰を持つことを求めるのではなく、**ただ「皆さんが、皆さんらしく生きること」を願っておられます。**

私たちが日本の神さまを信じていようが信じていまいが、神さまは常に私たちを見守り、最善の道へと導くサポートをしてくださっているのです。それは、私たちが日本の神さまの一部である分霊を持っているという、根本的な繋がりに基づいています。そして、その繋がりが切れることはないのです。

そのため、私たちが日本の神さまの存在を意識していなくても、その導きや加護を受けていることに変わりはないのです。

このことは、私たちが「信じるかどうか」という条件付きで救済を得るのではなく、誰もが無条件に日本の神さまの加護と導き、そして愛を受け取ることができる存在であることを示しています。神道が「信仰」という概念に依存せず、信者をつくるための教義を必要としないのは、日本の神さまが私たちから信じられるかどうかを気にする存在ではないからです。

そのため、**私たちに信じることを強制しない日本の神さまの在り方こそが、私たちにとっての真の自由と愛を示している**といえるでしょう。**信じるかどうかに関わらず、日本の神さまの愛と導きは常にそこにあり、私たちの願望成就とシアワセのために惜しみなく働いてくださっている**のです。

それでは、信じる代わりに何が必要とされるのでしょうか？

✽「信じる」よりも大切なのは「感じる」こと

日本の神さまにとって大切なのは、私たちが神さまを「信じるかどうか」ではありません。むしろ、祈りや神社参拝といった行為を通じて**神さまを「感じること」を重要視します。**

なぜなら、**神さまの存在を感じてこそ、神さまの存在を心で受け止めて、本当の意味で神さまと共にある生き方、すなわち神さまとの調和が成り立つ**からです。

神さまは目に見えず、形のない存在です。そのため、頭で考え、信念として信じるだけでは、その存在を十分に理解することは難しいかもしれません。

しかし、神社の清らかな空気の中で手を合わせたり、静けさの中で祈りを捧げて心を澄ませたりすると、不思議と心に湧き上がってくる安らぎや温かさを感じたことはないでしょうか。それこそが、神さまと繋がり、神さまを感じる瞬間です。

この「感じる」という行為は、神さまと私たちの調和を深めるうえで非常に大切な役割を果たします。感じることで、私たちは神さまのパワーを自分の中に取り込み、それを日々の生活の中で活かすことができるのです。

その結果、私たちの行動や意識が自然と神さまと調和のとれたものになり、神さまと共に在る生き方、つまり神さまとの「良いお付き合い」が実現されるのです。

神さまを感じることは、私たちがすでに神さまと調和していることを再確認する行為でもあります。私たちは神さまの分霊を宿しているため、もともと神さまと一体、つまりワンネスです。そのことを再確認し、日々の中で感じることで、願望成就やシアワセの実現に向けた流れが自然と整っていきます。

信じるかどうかにとらわれる必要はありません。ただ、**「神さまを感じる時間」**を持つことが大切です。そのために、神社を訪れる、自然の中で深呼吸をする、日々の祈りや神さまとの「良いお付き合い」を習慣にする等、今までお伝えした方法をぜひ実践してください。それらの行為を通じて神さまを感じた瞬間、皆さんの中に調和と安心感が広がり、神さまと共に歩む人生が自然と始まるでしょう。

✽神さまとの「調和」に責任を持てばいい

神さまは私たちに「祈り」や神さまとの「良いお付き合い」を通して、日常の中で神さまを「感じること」を求めています。神さまとの調和こそが全てを可能にするカギであり、私たちの願望成就やシアワセを形づくる最も重要な要素だからです。

神さまとの調和とは、**神さまが放つパワーと私たち自身の分霊が一致し、共鳴する状態**を指します。この調和が生まれると、私たちの心や行動は自然と整えられて、周囲の環境や出来事にも良い影響を及ぼし始めます。この調和の中で願望が叶ってシアワセが現実化する流れが生まれ、困難がスムーズに解決していきます。

だからこそ、**私たちが神さまに対して果たすべき責任は、「神さまと調和する」という一点に集約されます。**

私たちが調和の中にいるとき、神さまはそのパワーと導きを通じて、私たちが本来の道を歩めるようにしてくれます。

願望成就やシアワセに繋がるこの調和の状態は、私たちが神さまを感じることから始まります。祈りや神さまとの「良いお付き合い」を通じて、あるいは自然の中での静かな時間を通じて、神さまの存在を心で感じたとき、その調和は自然と深まっていくことでしょう。

神さまと調和するという責任は、決して私たちの重荷にはなりません。

それは、**私たちが「ありのままの自分」でいる中で、神さまを感じ、心を開くだけで果たせるものです。**

その結果、私たちは神さまの導きやパワーと共に生きる喜びを感じ、願望成就やシアワセの可能性を最大限に引き出せるようになります。

信じることではなく、感じること。
そして、感じることで生まれる調和。

それこそが、私たちが果たすべき唯一の責任であり、神さまと共に生きるための最も純粋な方法なのです。この調和の中にこそ、私たちの願望成就とシアワセが待っているのです。

✿神さまを「感じる」と生まれる深い調和

神さまと調和するためには、「神さまを感じる」という感覚を大切にすることが必要です。

神さまとの調和は、私たちが頭で考えるだけではなく、**心で神さまを感じ、神さまのパワーと私たちの分霊が共鳴する**ことで深まるからです。共鳴が生まれたとき、言葉では説明できない安らぎや温かさを感じられるかもしれません。あるいは、神さまのパワーそのものを皮膚感覚で感じるかもしれません。

この感覚こそが、神さまと調和して繋がるための重要な要素なのです。「神さまを感じる」という感覚を大切にすることで、私たちは頭で理解する以上に深いレベルで神さまと調和することができます。

それは、**言葉や形式を超えた、本質的な繋がり**を育むものです。

とはいえ、神さまとの調和は、特別な能力や儀式を必要としません。毎日の祈りや瞑想は神さまと調和するのに非常に役立ちますので、ぜひ無理のない範囲で実践していただきたいところです。

しかし、ただ静かに心を開き、さまざまな場面で神さまを感じるひとときを持つだけでも、神さまとの調和は自然と成り立っていきます。その感覚を大切にし、神さまと共にある生き方を楽しんでみてください。

あなたはすでに「豊かさとシアワセ」に選ばれている！

未来に対する願いをあきらめてしまう方、あるいは未来に対する願いそのものを持っていない方、そして願いを持ち続ける方の中では、当然ですが願いを持ち続ける方がシアワセになる可能性が圧倒的に高くなります。

願いを持つことで、私たちの人生に新しいプロセスが訪れます。未来への希望に向けて、願望やシアワセの現実化の道が開かれるからです。

そして、神さまは私たちが願望を実現し、シアワセな人生を歩むことを何よりも望んでおられます。**願いを持ち続けることは、神さまの意図と調和した自然な在り方ともいえる**のです。

神さまと調和しながら、願望成就やシアワセの実現に向けて進んでいくと、実は意外にあっさりと叶ったりするものです。不思議とある段階で「この願望はきっと叶うな」「このシアワセは実現するな」という実感を得る瞬間が訪れます。

それは願い求めていたものが、自然な形で現実となる流れに乗ったことを意味しています。この流れに乗ると、願望成就やシアワセの実現はほぼ確定したものとして感じられるでしょう。

すると実際に現実化したときに、「予定通り過ぎて、あまり嬉しくない」と感じるのでは？　と思われるかもしれません。

しかし、それでも実際に願いが叶ってシアワセが現実化するプロセスは、やはり嬉しく感動的なものです。

自分が心から望んだことが現実となり、そこに到達したときの喜びは、言葉にできない充足感をもたらしてくれます。

ただ、願望成就やシアワセの現実化において重要なのは、そのプロセスが進んでいく中で、**自分が想像もしていなかった新しい可能性や想定外のシアワセが広がっ**

ていくということです。

✿想像以上のシアワセが実現していく

願望成就に向かうプロセスでは、私たちは神さまと調和しながら日々を過ごし、行動し、選択を重ねていきます。その中で、もともとの願望を超えるような気づきや新しい出会い、予想もしなかったチャンスが次々に現れてくることは珍しいことではありません。むしろ、ごく一般的なありふれた現象ともいえるでしょう。

それらは、最初に抱いていた願いが現実化するだけでは、到底得ることのできなかった新たな道を私たちに示してくれるのです。

神さまは、私たちの願いや想いが現実化することを重要視しています。

しかし、**神さまが考える私たちの豊かさやシアワセは、私たちが考える以上に大きなもの**なのです。

神さまは、単に私たちの願いや想いのためだけに働き導いてくださるだけでなく、それも含めた、**より大きな豊かさとシアワセを現実化しよう**とされます。その結果、神さまは願望成就やシアワセの現実化のプロセスの中に、**次の豊かさやシアワセの可能性**を、まるで織り込むかのように加えていかれるのです。

✽結婚はもちろん、天職とも出会う

私のクライエントの具体例で説明しましょう。

ある女性が、片思いをしていた男性との結婚を願っていました。私もスピリチュアル・カウンセラーとして、片思いの成就をサポートしていました。

そして彼女も神さまと調和しながら、その男性との結婚へ向けたプロセスを進めていったのです。

彼女は祈りや瞑想によって得られたメッセージや気づき、そして導きに基づく行動を通じて、少しずつ男性との距離を縮め、最終的には願い通りにその男性と結婚することができました。

しかし、この物語はここで終わりません。結婚へのプロセスの中で予想外の新しい道が開けることとなります。

彼女が結婚する前、その男性の友人と親しくなる機会がありました。

その友人は、彼女がエステをよく利用していたことを知ったため、「一緒にエステサロンをやらないか」と誘ってきたのです。彼女は確かにエステが好きで、よく利用していたものの、エステシャンになることに対しては特に興味を持っていませんでした。むしろ「大変そうな仕事」という印象もあって、その友人からの誘いには戸惑いすら感じていました。

しかし、結婚後のキャリアプランが明確でなかったこともあって、試しにエステの学校に通ってみることにしたのです。

驚いたことに、彼女はエステの施術に優れた才能を発揮しました。学校に通い始めた当初からその技術は高く評価され、卒業するころには同級生や講師からも一目置かれる存在にまでなったのです。

そして、友人と共にエステサロンを開業すると、その評判はクチコミで広がり、次々と新しいお客様が訪れるようになりました。

結果的に、彼女は結婚前よりもはるかに多くの収入を得るようになり、家庭と仕事の両方で充実した日々を送るようになりました。

片思いの男性と結婚するという最初の願望が叶っただけでなく、そのプロセスの中で予想外の形で新たなキャリアが広がり、自分自身の新しい才能に気づくことができたのです。

この実例は、願望成就のプロセスが単なる「願いが叶う」という結果に留まらず、その過程で予想もしない可能性やシアワセが広がることを教えてくれます。

神さまと調和しながら行動を続けることで、人生には思いがけない豊かさがもたらされるのです。

願望成就やシアワセの実現はゴールではなく、新たな可能性が開かれるプロセスであるとも言えます。そのプロセスの中にある導きに気づき、楽しむことができれば、私たちはただ願いを叶えるだけでなく、さらに広がる未知のシアワセに気づき、それを受け取ることができます。

つまり、**願望成就をはるかに超えた、全く想像もしていなかった豊かさやシアワセが訪れるのです。**

神さまと共に歩むことで、私たちの人生は予想を超えた豊かさと喜びに満たされていきます。

願望成就が予定調和のように感じられる瞬間を大切にしながらも、そのプロセスの中で現れる**新たな可能性に心を開き、神さまと共に未知のシアワセを見つける**ようにしていきましょう。それこそが、神さまと調和した生き方における、神さまからの最大のギフトなのです。

これまで神さまと調和するための瞑想法や、神さまの本質的な性質についてお伝えしてきました。また、願望成就やシアワセの現実化がどのように神さまとの協働作業によって進んでいくのか、そのプロセスについても詳しく説明してきました。

これらの内容を踏まえて、皆さんが選んだ神さまと深く調和し、そしてメッセージや気づき、さらには神さまからの導きやパワーを存分にいただいてください。

このように神さまと共に歩むことで、願望は自然と形になり、シアワセが現実化していきます。

神さまは常に皆さんを見守り、導き、サポートしてくださっています。そのパワーを感じ、調和を大切にしながら、すべての願いを叶えてくださいね。

皆さんの未来が、神さまと共にますます豊かに輝いていくことを心から願っています。

おわりに

あなたはずっと神さまと一緒

本書は、多くの方のご尽力によって完成しました。

執筆にあたりインタビューに答えてくださったクライエントの方々、そして本書の企画立案や編集に関わってくださった方々、私の草稿にときには厳しい指摘を与えてくれた妻、そして何よりも辛抱強く執筆に関する相談について瞑想とチャネリングで導いてくださった神さまに、心より感謝いたします。

そして、本書を最後までお読みくださった皆さんにも、心より感謝いたします。

本来はエネルギーワークやスピリチュアリティを高めて覚醒に至る方法、神さまとの双方向の会話ができる瞑想の上級編等、まだまだお伝えしたいことはたくさんあります。紙幅の関係で掲載できなかったことが心残りなのですが、本書が皆さんの願望成就とシアワセの現実化の一助になることを願ってやみません。

最後に本書の執筆を終えるにあたり、私の想いを簡潔にお伝えしたいと思います。本書の目的は多くの方々が日本の神さまと調和し、そして豊かなメッセージや気づきを得ることで、願望を叶えてシアワセを実現していただくことにありますが、もうひとつの目的があります。

それは、この**日本の復活であり再興**です。

私は福祉事業のコンサルタントもしておりますので、社会保障という観点から少子高齢化という日本の人口の動向や、国の財務状況や政策を分析する機会が多々あります。

そして、その中で感じるのは、**この日本が危機に瀕していること、そしてこのま**

まだと凋落《ちょうらく》してしまう可能性が高いということです。

もちろん、こうなった背景にはさまざまな要因がありますので、あまり単純化して考えることはできません。ただ、**日本人が日本人の魂を失った**ことも大きな要因だと感じています。

現在、日本人の素晴らしい美徳や日本という国の本来のチカラが失われつつあります。常軌を逸したカスタマーハラスメントや犯罪率の増加、増加する児童虐待、崩壊しつつある社会保障制度、生活を圧迫する税金の国民負担率、「失われた30年」と言われる経済の長期にわたる低迷……。

しかし、今まで日本は何度も国難に立ち向かい、そして世界が驚くような復活を遂げてきました。そのポテンシャルは今の日本の中にもしっかりと残っています。

そして、**日本の復活において必要不可欠なのが、皆さん自身の願望が叶い、シア**

ワセが現実化し、その好影響が周りに広がっていくことなのです。

私は本書の企画段階から、瞑想やチャネリングを通して日本の神さまの強い意志を感じ続けてきました。その意志とは、皆さんの願いが叶い、シアワセが現実化することを通じて、日本という国を再びよみがえらせたいというものです。

日本の神さまは、私たち一人ひとりが豊かでシアワセになることが、日本全体の繁栄と調和につながると考え、そのために常に働きかけてくださっています。

神さまは、その分霊である私たちの願いの実現やシアワセの現実化を通じて、日本という国全体が光を取り戻し、活力を取り戻すことを望んでいるのです。

そのために大切なのは、私たちが神さまと深く調和し、皆さん自身の豊かさとシアワセを育むことです。個々のシアワセが広がり、日本全体の再生と発展へとつながっていく……。

それが神さまの意志であり、本書を通じて私がお伝えしたいメッセージです。

どうか神さまと共に歩み、願望成就とシアワセを現実化させることで、日本の未来を明るく輝かせてください。

神さまはその願いを力強く支え、導いてくださっています。

皆さんの多幸を心より願いつつ、筆をおきたいと思います。

最後までお付き合いいただき、ありがとうございました。

ミスカトニック

本書は、本文庫のために書き下ろされたものです。

願望成就《がんぼうじょうじゅ》は、日本《にほん》の神《かみ》さまの選《えら》び方《かた》で決《き》まる

著　者　ミスカトニック
発行者　押鐘太陽
発行所　株式会社三笠書房
〒102-0072　東京都千代田区飯田橋3-3-1
https://www.mikasashobo.co.jp
印　刷　誠宏印刷
製　本　ナショナル製本

ISBN978-4-8379-3116-4　C0130

本書へのご意見やご感想、お問い合わせは、QR コード、
または下記 URL より弊社公式ウェブサイトまでお寄せください。
https://www.mikasashobo.co.jp/c/inquiry/index.html

王様文庫

王様文庫

「運のいい人」は手放すのがうまい

大木ゆきの

こだわりを上手に手放してスパーンと開運していくコツを「宇宙におまかせナビゲーター」が伝授！　◎心がときめいた瞬間、宇宙から幸運が流れ込む　◎「思い切って動く」とエネルギーが好循環……心から楽しいことをするだけで、想像以上のミラクルがやってくる！

龍神のすごい浄化術

SHINGO

龍神と仲良くなると、運気は爆上がり！　お金、仕事、人間関係……全部うまくいく龍神の浄化術を大公開。◎目が覚めたらすぐ、布団の中で龍にお願い！　◎考えすぎたときは、ドラゴンダンス！　◎龍の置物や絵に手を合わせて感謝する……☆最強浄化パワー、龍のお守りカード付き！

龍神のすごい開運日

SHINGO

開運日と龍神様を信じたとき、奇跡が起きる！　運気が急上昇する、開運アクションを伝授。◎一粒万倍日→新しいチャレンジで人生が輝く！　◎寅の日→黄色の服を着ると金運アップ!?　◎大安→他人の幸せを願うと、いいことが起きる！……龍の最強開運日お守りカード付き！

K30645